U0594840

英语教学的思考与实践

顾庆祝◎著

吉林出版集团股份有限公司
全国百佳图书出版单位

图书在版编目（CIP）数据

英语教学的思考与实践 / 顾庆祝著. –– 长春 : 吉
林出版集团股份有限公司, 2022.12
ISBN 978–7–5731–2934–5

Ⅰ. ①英… Ⅱ. ①顾… Ⅲ. ①英语课 – 教学研究 – 初
中 Ⅳ. ①G633.412

中国国家版本馆CIP数据核字（2023）第035042号

英语教学的思考与实践
YINGYU JIAOXUE DE SIKAO YU SHIJIAN

著　　者　顾庆祝
出 版 人　吴　强
责任编辑　马　刚
装帧设计　清　风
开　　本　710mm×1000mm　1/16
印　　张　9.25
字　　数　100千字
版　　次　2022年12月第1版
印　　次　2023年8月第1次印刷

出　　版　吉林出版集团股份有限公司
发　　行　吉林音像出版社有限责任公司
　　　　　（吉林省长春市南关区福祉大路5788号）

电　　话　0431–81629667
印　　刷　吉林省信诚印刷有限公司

ISBN 978–7–5731–2934–5　定　价　48.00元

如发现印装质量问题，影响阅读，请与出版社联系调换。

前　言

随着中国对外开放的不断深入，英语作为一门国际性语言，在国际交流中发挥着极其重要的作用，这也意味着，在英语教学中，英语教师的地位越来越重要。英语教师要注重激发学生学习英语的兴趣，进一步提高学生运用英语的能力，使所有学生都能积极参加课堂教学活动。唯有如此，学生的整体英语读写能力才能进一步提高。但是，由于传统教学观念的影响，一些教师很难在短期内彻底改变。所以传统的英语教学方式在当今的英语教学中依然存在。尽管大多数教师已经开始采用新的教学方法来进行教学，但是在教学方法的运用上也还是存在一些问题。

在英语课堂教学中进行实践教学是现代教育的趋势，也是新课改的目标。在现在的英语实践教学活动中，师生、生生之间可以自由地进行互动，学生通过互动可以互相鼓励、交换意见、共同进步。在课堂上，教师要耐心地回答学生提出的问题，尊重他们的意见，不断拓展学生的发散性思维，提高他们的学习效果。

本书对英语教学的发展与理论基础、初中英语教学思考进行了深入探讨，着重分析了初中英语的教学模式，其中包括微课教学模式、翻转课堂教学模式、支架式教学模式及任务型教学模式，同时从多维角度阐述了初中英语教学实践。本书针对初中英语教学的思考与实践进行了多维度分析和研究，以正确把握其理论逻辑与所需要具备的实践基础，促进英语教学的进一步实现。这些新的认识，对英语教学发展的内在规律进行了新的诠释，为探索初中英语教学模式与方法开辟了新的路径。

为了提升本书的学术性与严谨性，在撰写过程中，笔者参阅了大量的文献资料，引用了诸多专家学者的研究成果，因篇幅有限，在此一并表示最诚挚的感谢。由于时间仓促，加之笔者水平有限，在撰写过程中难免出现不足的地方，希望各位读者不吝赐教，提出宝贵的意见，以便笔者在今后的学习中加以改进。

顾庆祝

2023年1月

目 录

第一章 英语教学概述 ·· 001

  第一节 英语教学的内涵 ·· 001

  第二节 英语教学的发展与现状 ·· 010

第二章 英语教学的理论基础 ·· 014

  第一节 英语语言教学的理论基础 ·· 014

  第二节 英语教学法的理论基础 ·· 022

第三章 初中英语教学模式 ·· 036

  第一节 微课教学模式 ·· 036

  第二节 翻转课堂教学模式 ·· 040

  第三节 支架式教学模式 ·· 045

  第四节 任务型教学模式 ·· 053

第四章 初中英语教学思考 ·· 057

  第一节 初中英语教学要素与特点 ·· 057

  第二节 关于初中英语教师的思考 ·· 064

  第三节 关于初中学生的思考 ·· 068

第五章 初中英语教学实践 ·· 072

  第一节 初中英语词汇教学实践 ·· 072

  第二节 初中英语语法教学实践 ·· 081

  第三节 初中英语听力教学实践 ·· 085

  第四节 初中英语阅读教学实践 ·· 095

  第五节 初中英语口语教学实践 ·· 103

  第六节 初中英语写作教学实践 ·· 113

第六章　初中英语课堂教学评价 ·· 123

　　第一节　教学目标评价 ·· 123

　　第二节　教学理念与设计评价 ·· 124

　　第三节　教学过程与方法评价 ·· 126

　　第四节　教学效果评价 ·· 129

　　第五节　教师综合素质评价 ·· 133

结束语 ·· 136

参考文献 ·· 138

第一章　英语教学概述

第一节　英语教学的内涵

一、英语教学的含义

英语教学是一种以教学原理为导向、以解决问题为目的的专业活动。在外语教学中，语言与社会文化、历史传统等诸多方面都有着密切的联系。而英语教学又是一个系统性的工程，它不仅受到语言教学和语言学习规律的制约，还受到外语教学与学习规律的制约；它不仅受到师生自身主观因素的影响，也受到诸多客观因素的限制；它不仅涉及语言和理论的理解和应用，也涉及心理学、教育学、跨文化交际学等相关理论的研究与运用。

二、英语教学的特点

（一）英语教学的特点

1. 发展中

英语是一门新兴学科，发展至今仍有许多不足之处。首先，我国英语教育系统不完善，国内各类普通教材、外语教材在结构、内容等方面存在很大差异，至今还没有形成较为统一的框架和比较稳固的基础内容。其次，名词和术语的一致性还不够完善。此外，在课程内容的编排上，没有种属概念的划分，将各个学科的教学原则（如以学生为主体或以学生为中心的原则）与仅限于英语的教学原理（如交际性原则）放在同一层次上并列论述；在理论上，该领域还没有建立起一套严密的推理体系；在研究方法上，演绎方法的作用则显得太小。

英语作为一门正在发展的学科，在学科建设上保守性相对较少。因此，每位年轻英语教师都应该抓住机遇，在英语教学的学科建设中发挥自己的作用。

2. 多边缘

英语教学是一门与哲学、教育学、心理学、语言学、社会学、人类学等相关的多边缘学科。

第一，哲学，尤其是"辩证唯物主义"的认识论与方法论，是理解和把握外语教学过程中各种矛盾的实质、正确解决问题的基本方法。

英语教学是一个复杂的过程，影响它的因素很多，在研究的过程中，会遇到许多问题和现象。根据当时和当地的实际情况来分析和讨论这些问题，就必须有正确的认识和分析的方法。因此，英语教师应学习马克思主义理论，用其世界观和方法论来武装自己。

正确把握马克思主义的世界观和方法论，能够帮助我们客观、准确、全面、辩证地研究英语教学中的各种现象和问题，探索教学与学习之间的关系和规律。在不同的教学阶段，根据不同的教学目的，以及学生不同的年龄、不同的心理特点、不同的语言背景、不同的个性，来制订不一样的教学要求和教学方法。只有这样，我们才能站在现实的立场上，辩证地对待不同的教学流派，既了解其优点，又了解其缺点，同时能够根据教学实践灵活地运用多种教学手段。只有这样，我们才能根据我国教育的发展情况、学生的实际情况，把研究成果应用到实践中去。

有些哲学家对语言的研究产生了哲学中的另一个分支——语言哲学。哲学对于语言的研究在英语教学中起着重要的推动作用。例如，美国语言哲学家保尔·格赖斯（Herbert Paul Grice）就曾提出过一种"会话"的概念。格赖斯在会话学的基础上，提出了自己的"合作原则"，并阐述了构成"合作原则"的四大准则：质的准则、量的准则、相关的准则和方法的准则。格赖斯的"会话语意说"为我们对会话含义的正确理解提供了一些基本的见解。在英语教学中，应该怎样运用这些原则、怎样才能使学生更好地了解外语是教师需要深入研究和探索的问题。在此基础上，哲学不仅为英语教学提供了一种学习的途径，而且也为英语教学提供了有益的启示。

第二，教育学要求将外语教学视为整个教育活动的一部分，以促进学生的全面发展。教育学是对教育知识的阐释、对教育现象的研究、对教育问题的探论、对教育规律的揭示。英语教育是一门教育学科，其原理、方法可以为英语教学提供理论依据，也可以用于英语教学实践中。在英语教学的研究中，我们将运用教育学的有关理论来解决教学问题。

在教育学中，教育要与社会、学生的发展相适应，这不仅有助于我们了解历史上教育是如何根据时代的需求而发展的，还可以帮助我们根据学生年龄、心理、生理发展的特点选择合适的教学内容和方法。在教学实践中，可以运用教学理论的指导原则进行教学活动设计，即科学与思想的统一原则、理论联系实际原则、直观性原则、启发性原则、循序渐进原则、巩固性原则、因材施教原则等。与其他学科教学一样，英语教学也要正确处理师生、教与学之间的关系。在英语教学中，教育学提出了"教师主导，学生主体"的理念，这为我们正确对待师生关系、调整师生关系、调整师生角色提供了理论依据。在英语教学中，我们可以将这一理念运用到课堂教学中，积极营造一个有利于学生学习的良好氛围，充分调动学生的学习热情，促进英语教学的顺利进行。

《现代教育学》中关于课外活动的论述，也为英语教学提供了一些有益的启示。在英语教学中，我们还应该根据学生的学习特点，为学生设计英语课外活动，从而提高学生的英语水平。

在运用教育原理、原则的基础上，运用教育测量的原理与方法，研究考试的命题，还可以设计英语教学实验、评价。可以说，教育学的基本原理、原则、方法，都是我们在实际教学中所能运用到的。

第三，心理学要求在外语教学中注意智力因素、非智力因素、人格因素之间的协调作用与发展，并将其结合起来以促进学生语言技能和语言能力的提高。

心理学是研究心理现象的一门学科，不仅研究知觉、记忆、思维和想象，同时也研究构成人格心理的各种因素，如需求、动机、兴趣、能力、性格等。英语教学是师生共同进行的教学活动，教师可以通过了解学生的认知情况、学生的性格、学生的学习过程，同时遵循英语学习的规律，根据学生的性格特点，找到一条可以促进英语教学、帮助不同学生学习英语的方法。

在心理学中，尤其是在教育心理学中，学习是人们研究较多的一个话题。不同的学者从不同的视角对学习进行了不同的研究，并提出了各自的理论。而英语学习作为一种人的学习行为，也受到了学习理论的影响。实际上，伯尔赫斯·费雷德里克·斯金纳（Burrhus Frederic Skinner Skinner）的动作条件论、杰罗姆·布鲁纳（Jerome Seymour Bruner）的认知—发现说等不同的学习理论，都是从英语教学的角度出发，将各种不同的语言理论有机地联系起来，为英语教学提供理论基础。

心理学的目的是研究语言的学习与运用，也就是个体如何理解、生成和获得语言。心理语言学从心理学的角度对学生学习语言的特征进行了探讨，提出了"置身于语言环境是习得语言的必要条件""语言理解优先于语言产生"等一系列的研究成果，为英语教学中教学原则的设计、教学方法的制订和第二课堂（课外活动）的实施等提供了理论依据。

从心理学角度来看，语言直觉的认知模式和阅读过程模式的研究为英语听力和阅读理解应该采取怎样的教学方法提供了一定的理论指导。英语阅读的互动模型是以"图式理论"为基础的英语阅读方式，而"图式理论"则源自德国的"格式塔心理学"，这是一种极具影响力的心理学流派，它也证明了英语教学和心理学及其分支学科之间的密切关系。

第四，语言学要求将所教授的外语视为一个综合的系统，将语法、结构、情景、功能、意念等有机地结合在一起，对其进行刺激反应训练，同时也可以培养学生的生成能力和交际能力，使其在运用所学的外语时突出熟练和灵活的特点。

在语言学研究中，理论语言学和通用语言学主要研究语言的基本原理及人类语言的特征。这些基本原理和特征都是人类对语言学的认识，也就是所谓的语言观。学者从各种角度讨论语言，使我们更加深刻地了解语言的特征。不同时期、不同的社会需求、不同的观点形成了不同的英语教学模式。比如，英语听说法、情境法都是基于结构主义的语言理论而形成的一种教学方法。可以说，认知法是一种受诺姆·乔姆斯基（Noam Chomsky）转化产生语言理论影响而产生的一种教学方式。当然，在英语教学中，除了要依据不同的语言理论，还要依靠语言学习理论。

除一般语言学外，其他学科也在英语教学中发挥着重要作用。描写语言学是集中研究某一门语言系统、结构的学科，它为我们提供了英语的结构和规律；英语语音学是用来描写英语语音特征、语音现象、语音规则的学科；英语语法学是表达英语文法和英语结构的学科；英语词汇学是关于英语词汇特征的一门学科。这些语言学分支为英语教学的研究提供了大量的素材，同时我们也可以从这些学科里获得一些理论基础。

第五，社会语言学是语言学的一门新兴学科，它把语言看作一种社会现象，它涉及不同的功能变体、不同的文体、不同的语域、不同的语码应用。社会语言学引起了人们对语言得体性的关注，这一现象对英语教学也有一定的启发：英语教学应该注重语言的恰当运用。

第六，人类学的目的在于强调英语的文化交叉问题，在语言中进行文化的传授，在不同的文化中进行语言的教学，从而使两者的关系得到进一步的发展。文化不仅是英语学习的目标，也是英语学习的一种方式。教师讲解英语，让学生了解英语并达到一定的文化水平后，课堂就会变得趣味盎然，学生也能从宏观层面上领悟语言的精髓。比如，在英语时态学习中，学生不仅要学会语言，还要学会思考。其中，英语定语从句、"名词+of+名词"结构、倒装句结构等都是一样的道理。随着英语学习的不断深入，学生自然而然地就会学会用英语思维去思考。

3. 实践性很强

英语教学具有很强的实践性，能够让学生在英语教学中得到系统的培训，它在实践中起着战略性、决策性和指导性的作用。英语教学注重对教师认知水平、理论水平、整体修养和综合素质的提升，是一个需要教师研究的重要课题，也是教师职业生涯的追求。其主张以人为本，以乐教为主体，在教人之中教英语。

目前，我国英语专业的理论水平与其所要求的理论水平存在着巨大的差距，这是本门学科建设的一个重要问题。英语教学应立足现实，注重实践。它所关心的是英语教学的现实问题，如教师自身对教师工作性质的理解不够透彻、忽视理论学习等。

（二）英语教学活动重要性

学习动机往往源于教学活动中有趣的教学内容和具有吸引力的教学方式。教师通过活用教材并设计有趣的、丰富的教学活动，是激发学生兴趣的关键。通过有效的教学活动逐步激发学生的学习兴趣，能够提高教学质量，同时也能提高学生的参与度，使学生积极主动地投入整个学习当中。

三、英语教学的目的

（一）教师的教学目的

教师的教学方式既受到外语学习观点的影响，又受到其教学目标的制约。教师通过英语教学来提升学生的语言能力，让他们能够读懂外国的文学作品；通过大量的机械模拟训练使学生熟练地掌握一门语言。教师的教学目标多种多样，包括培养学生的交际能力，让学生在不同的环境下都能顺利地进行交际，通过教学让学生了解一种特定的语言，提高学生听、说、读、写的能力。

（二）建立中国特色英语教学体系

中国是一个拥有民族特色和地域特色的人口大国。同时，中国也是一个有着五千年文明的国家，有着自己的文化传统和教育传统。我们需要构建中国英语教育的新模式，该教学系统要重视学生的综合发展，兼顾不同地域、不同民族的差异，如语言、方言、教学条件等，使教学方法与教学目标相统一，使教学理论与教学实践相结合。

中国英语教育系统的建设，一方面需要对国内英语教育的历史与实践进行全面的总结与研究，另一方面需要对现有英语教学的文献进行深入的分析，以理论与实践相结合的方式来研究和学习英语教材，促进中国英语教学系统的建设与完善。

四、英语教学目的的实现

英语教学是学生在教师的引导下掌握英语知识的一种认知活动，其目的不仅在于让学生掌握英语的语音、语法、词汇等知识，更重要的是让学生掌握听、说、读、写、译等技能，从而提高学生的文化素质，进而形成一套完整的英语语言技能，并以此来进行口语、写作的交流。教学目的是一切教学活动的起点与终点。因此，明确的教学目的是进行教学活动的第一步。

在英语教学中，教学目标的呈现是必不可少的一环，通过对目标的描述，灵活地应用有关认知心理过程的理论，使学生提前激活已有的相关体验和知识，从而促使他们建构新的知识，激发他们的求知欲和动力。在进行教学活动时，要注重对学生的心理研究，注重语言与文化的结合，从而达到英语教学的目的。

（一）将英语教学置于一定的语言环境中进行

教师通过创造模拟情景、提问、对话、讨论等形式，让学生在不断的练习中提高其语言能力。比如，在课堂上多做口语练习、对学生的成绩进行积极的反馈、激发他们的学习热情、培养师生的协作精神、组织课堂教学等。另外，学生在学习语言时存在着不同的心理差异，这一点在教学过程中往往会被忽略。从社会心理学的观点来看，在英语教学中也存在着社会、情感等方面的影响。社会因素是指不同族群对不同语言的态度，以及不同族群之间不同的文化、生活习惯对英语教学产生的影响；情感因素是指个体对所学习语言的态度、动机及对目的语言国家的文化、生活方式的接纳。比如，中国学生在英语学习过程中受中国文化环境和英美文化环境之间的冲突的影响，也会对教师英语教学产生一定的影响。因此，教师在英语课堂教学中，掌握学生的心理，是提高教学质量的关键。

（二）要将语言知识和文化知识并重

语言是一种文化的表达，一个人对所学国家的历史、文化、传统、风俗习惯和生活习惯的了解越多，就越能正确地运用这种语言。因此，在日常教学中，教师除了要教授学生英语的相关知识，还要让他们自觉地了解英美各国的历史和文化背景，以加强他们对不同文化的敏感度，使英语知识与历史文化互相渗透、互相补充，从而达到提高学生综合英语素养的目的，进而培养出符合时代发展要求的高质量英语人才。

在英语教学中，语言和文化知识的学习主要由学生承担，因此教师要自觉地将文化信息的渗透与语言技巧的传授相结合。在帮助学生掌握英语知识的过程中，引导他们主动地理解和接受英语所承载的文化，并使他们更好地理解和接受英语文化。

1. 讲解法

英美文化是由教师按照课程内容的要求来进行讲解和阐释的，从而使学生掌握语言文化。例如，将英语中的词汇与汉语词汇进行比较，有以下几种现象：①某一语言中某些词语不能与其他语言相对应；②在两种语言中，有些单词看起来是指同样的东西或概念，实际上却是不同的意思；③一种语言中的一种内涵或一种观念只能用一种或两种形式来表示，而另一种语言中却存在着许多不同的表现形式；④有些单词在本质上是一样的，但是在衍生出来的意思上却有很大的不同。这些差异的根源是文化差异。因此，在词汇教学过程中，教师应充分挖掘词汇内在的文化成分，对词汇进行针对性的解释，从而帮助学生正确地理解和使用词汇，并从词汇中学习到英美文化。

2. 情境渗透

在英美文化规范下，尤其是与英语使用者进行沟通时，学生应置于特定的环境中，以达到学习文化的目的。但是对学生来说，实际使用的语言环境却寥寥无几。因此，在教学过程中，教师要主动为学生营造虚拟的、人为的目的语言环境，使他们能够亲身感受到目的语的语言文化环境。在教学过程中，教师既要使学生判断语言的形式是否正确，又要让学生根据实际情况选择和使用。

3. 阅读分析法

阅读分析法是指让学生通过英美文学作品、杂志、英文报刊等学习英美文化。教师在引导学生阅读文学作品、报刊时要对其进行分析和指导，让学生积累文化背景、社会习俗、社会关系等方面的知识。当学生在阅读时，会不知不觉地置身一种不同的文化环境中，产生一种感同身受的心理体验，使自己能够站在别人的立场上，对对方的价值观和信仰有更深刻的了解。

（三）要培养学生以"跨文化交际能力"为最终指向的分层能力

在英语教学中，把跨文化交际能力作为终极目的，就是要兼顾各种因素，使之成为外语教学的首要目的。而要培养学生的跨文化交际能力，就必须根据学生所掌握的英语语言技能的三个层次来进行，即理解式掌握层次、复用式掌握层次和活用式掌握层次。

首先，理解式掌握层次是指认知和了解语言。如果一个人能够听懂或者读懂语言时，那就说明他已经达到了理解式掌握语言的层次。在此阶段，学生必须具备一定的英语阅读能力，具备一定的阅读理解能力，并具备基本的听的能力，如辨别单词中的音素等。

其次，复用式掌握是指在一定程度上，将以前所感受到的语言物质重现出来，并在一定程度上掌握说、写等技巧，包括发音、书写及相关的语言知识。达到此水平的学生应该具备良好的阅读能力和一定的听力水平。此外，还要有基本的写作和口语交际技能。

最后，活用掌握层次是英语教学的最高水平，其特点是创造和重现所学内容。活用的语言表达能力已经不仅仅是单纯地背单词那么简单了，它还可以使学生通过英语来进行交流，也就是跨文化交际。

（四）培养学生的跨文化交际意识应成为英语教学目的不可缺少的组成要素

在经济全球化的大趋势下，国际合作不断加强，对具有跨文化交际能力的高质量人才的需求不断增加。跨文化交际是指在一定的语言环境下，根据每个具体的交际目标来进行英语学习，从而使学生能够熟练地使用英语与各种文化背景的人进行交流。学习一门外语的主要目的是与说这门语言的人进行跨文化交流。但是，英语的跨文化特性决定了这种交流的内涵应该更加宽广，各国人民在运用自身语言表达思想和信息的同时，也会将自己的文化传统和思维方式通过语言表达出来。

学生应该从文化知识的特定层面提升到更抽象和理性的文化理解、文化洞察及分析的层面。英语教学不仅要培养具备跨文化交际能力的英语人才，而且要使英语人才具备良好的跨文化交际意识。同时，随着时代的发展，我们也需要对英语人才必须掌握的英语知识进行深入的探讨，并对其进行必要的调整和设置，从而为更好地完成教学任务打下坚实的基础。

第二节　英语教学的发展与现状

一、英语教学的发展

（一）英语教学起始阶段

在1807—1860年，我国的现代英语还处在发展的初期，而在京师同文馆成立之前，内陆沿海的一些城市就开始了英语教学。当时英语教育的规模较小，所以没有建立起一套完整的英语教学系统。1818年，马礼逊创立了以英文为中心的"英华书院"，致力于推广基督教。随着书院的建立，人们的视野也随之拓宽，他们的思想也发生了变化，对地理、历史、英语等方面也开始了研究。这一时期可以说是中国现代英语教育的起步阶段。

（二）英语教学发展阶段

1860—1912年是我国现代英语发展的一个重要时期，受当时洋务运动的影响，西方学校的数量逐步增多，英语教育也逐步得到了发展。鸦片战争以后，中国与外国的外交关系日趋紧张，迫切需要一批精通英语的外交人员，这种情况推动了英语学院的设立。在此背景下，京师同文馆成立之初，以培养英语翻译人才为主，协助政府处理各种对外事务。在培养学生的过程中，采用了八年的课程计划，前三年着重于单词积累、句子解析、浅书翻译，而后五年的英语课程内容主要是翻译、语法、公文和译书。这一时期京师同文馆的英语教育有如下特点：第一，英语教师都是以英语为母语的国家工作人员，保证他们能较好地掌握英语；第二，英语教师的选聘要经过严格的考试，教师要通过书面考试，表现突出的将被优先录用；第三，对学生的要求很高，每天早上六点到晚上六点都要学英语，英语测试中的汉译英是最重要的，着重提高学生的语言运用能力。京师同文馆是中国近代第一所以英语教育为主的大学，让中国英语教育得到了更大的发展。

（三）英语教学维持阶段

1912—1949年是中国现代英语教育的延续时期。于1912年设立后，教育部发布了《普通教育课程暂行标准》，充实了壬子学制，使之成为一个完整的教育学制。在该学制中，有条件的小学可以设置英语课程，其目标是使学生能够初步掌握英语的语言和文字。小学毕业后，就是四年的中学阶段，主要是为了让他们更好地掌握英语，同时提高他们学习英语的兴趣。中等教育结束后，就是高中阶段，这一阶段的重点是培养学生的英语应用能力，同时也要引导他们欣赏英文作品，使他们的眼界更开阔、对西方文化的理解更加深入。随着我国高等教育的快速发展，我国经济、文化、政治也发生了巨大的变化，对英语人才的需求也随之增长，进而也促进了各种外语类专业的发展。比如，在湖北、四川、福建都有公共外语学院，学生的主要课程是英语，旨在提高学生的英语翻译能力和阅读能力，为学生将来的留学和就业打下良好的基础。

二、英语教学的现状

20世纪80年代以来，随着改革开放的到来，中国外语教育进入了一个全新的发展时期，大量的教育思想被引进中国，有关英语教学的研究成果也陆续出版，为我国外语教育带来了新的活力，也带来了更多的改革动力。但英语教学在发展过程中也存在很多问题，以下是目前我国英语教学的现状分析。

（一）忽视学生兴趣

心理学家认为，学习兴趣非常重要，兴趣是促使他们愿意努力钻研、勇于攻克难关的强大动力。人们在做自己喜欢的事时，就会把所有的注意力都集中在这件事情上。然而，传统英语教学忽略了学生语言学习兴趣的培养。大量的词汇、繁复的文法规则、枯燥的教学模式都会减少学生学习英语的兴趣，在学习过程中得不到享受。

（二）缺乏科学的教学方法

随着时代的发展，我国对外语人才的要求也随之发生了变化，高校的外语人才培养方式也要做出相应的改变。然而，目前国内大部分学校仍然采用"黑板""粉笔""书""教师+课堂"等教学模式，虽然有些教师采用了一些"多媒体"，但总体教学模式没有太大的改变。我国大部分学校都存在学生规模较大的情况，一般上课的模式大多是教师讲授、学生做书面练习。而且，在这样的大型班级里，学生的基础差异很大，教师也很难兼顾所有学生。

（三）忽视文化的渗透

不同国家的文化也存在一定的差异，学生需要学习的东西很多，而教师和学生的精力是有限的，不可能把所有的文化差异都融会贯通，只能作一些选择。对于学生来说，影响交流的因素有以下三点：①语言中的文化意蕴；②中西文化习俗、语言规范的相似性与差异；③中西方文化价值观念的相似性与差异。很多教师和学生都认为，学好英语就是要学好语音、语调、语法和词汇。其实，即使能把语音、语调、语法和词汇都练到炉火纯青的地步，但对中西两种文化的差异了解不够透彻的话，还是会产生误解，甚至会引起不恰当的表现。

王佐良先生曾经说过，不了解语言当中的社会文化，谁也无法真正掌握语言。语言是交流的工具，不理解它所承载的文化内涵就很难与人进行有效的交流。因此，在英语教学中，教师不仅要注重学生听、说、读、写四要素的培养，还要培养学生对西方文化的理解能力，使他们认识到不同文化之间的差异，让他们更好地进行跨文化交流。

第二章　英语教学的理论基础

第一节　英语语言教学的理论基础

霍金斯（Hawkins）提出的更正规的语言教学大约是在19世纪初期，它的发展与语言学的发展有着密切的联系。其中，传统语法、历史语言学、结构主义语言学、转换生成语言学、功能语言学、交际能力理论等都对外语教学产生了重要的影响。

一、结构主义语言观理论

美国结构主义是20世纪初期在美国独立产生的共时语言学的一个分支。其中，欧洲的传统语法占主导地位，而在美国传统语法却应用得很少。另外，美国的人类学家最先对语言学产生了浓厚的兴趣，他们发现，印第安人的土著语言是没有文字记录的，而土著语言的最后一位使用者去世之后，土著语言也就随之消失了。因此，他们意识到要让这些语言在消失之前被记录下来。19世纪晚期至20世纪中叶，不论是在自然科学领域还是在人文科学领域都开展着一场结构主义革命。结构主义语言学提倡将语言视为一个整体，重视语音、词汇、句子等语言单元在语言体系中的地位，并强调语言学习的目标是对各个语言要素的整体把握。

（一）索绪尔与结构主义语言学

瑞士语言学家弗迪南·德·索绪尔（Ferdinand de Saussure）是当代语言学的开创者。虽然索绪尔在比较语言学方面作出了突出的贡献，尤其是印欧比较语言学，但当时大家都对他知之甚少，而真正让他成为"当代语言学之父"的是他在1906—1911年为日内瓦大学的学生开设的"语言学"课。1913年他去世后，他的两位同事根据学生所做的笔记和他所留下来的讲稿，整理出了《普通语言学教程》。

索绪尔的理论研究主要包含三个方面：语言学、社会学、心理学。在语言学上，他深受美国著名语言学家辉特尼（Whitney）的影响。辉特尼坚持象征意义的任意性，强调语言是一个体系，使语言学步入了正轨；索绪尔也追随法国社会学家迪尔克姆（Durkheim）的理论，他坚持把语言视为"社会行为"，并严格地区别于个体的心理活动；就心理学而言，奥地利心理学家弗洛伊德（Freud）对索绪尔的影响很大，他主张"下意识"是一种具有延续性的东西。

索绪尔首先指出了语言的复杂性。他认为，人类的语言是一种极其复杂的、异质性的现象。即使是一个简单的语言行为，也含有各种因素的独特分布，而且可以从很多不同的、相互矛盾的观点来考虑。人们可能会注意到，在谈话中一个人会产生一连串声音的直觉环境。我们可以尝试分析说话人与听众之间的关系，找到他们所依赖的语法和语义规律。另外，我们还可以通过对语言的历史进行回溯，来了解这种特殊的形式在什么时候被广泛使用了。

索绪尔提倡明确区分语言与言语。他把语言看作一种抽象的语法规则体系和词汇体系，是一种不依附于某个人的社会产品。语言是指人们所说的或书写的文字，是个体利用语法规则把语言单元组织起来的产物，因此言语是语言的具体体现，而语言则是对言语的进一步抽象。言语是一种可以被直接触及的素材，而语言则是以言语为研究对象。同时，他还提倡区分内外语言学。他认为，诸如社会和历史等因素都不会影响语言的内在体系。从他的观点来看，语言学就是一门研究语言内在体系的科学。

他提倡明确区分历时性研究和共时性研究。在他以前，人们对语言的研究都是从历史的角度去追溯、从历史的角度去解读，有的人甚至认为只有历时性的研究才是真正的科学研究。索绪尔认为，对语言进行共时性的研究，也就是对语言的一种静态描述，比以往的历时性研究要好很多，因为历时性研究对于讲话的人来说，几乎很少考虑。

索绪尔认为，语言符号是由两种关系组成的，一种是组合的，一种是聚合的。组合关系和语言要素的线性排列顺序具有一致性，而聚合关系取决于语言条目中某些要素的选取。

索绪尔把语言看作一种规则体系。语言的规制是一种比较固定、约定俗成的语言系统。

索绪尔对当代语言学的贡献也是他确定语言作为一门独立的学科所必须具备的条件。在《普通语言学教程》的最后，他说："语言学的唯一的真正的对象就是语言和为语言而研究的语言。"尽管后半句还存在着一些争论，但是它确立了语言研究的目标和方法，从而使语言学具有一定的特征，使以后出现的许多理论和学派都受到了直接或间接的影响。

（二）布龙菲尔德的理论

布龙菲尔德（Bloomfield）是美国描写语言学的首要代表。在美国语言学领域，他是一个标志性的人物，在1933—1950年，人们把这段时期称作"布龙菲尔德时代"。也就是在此期间，美国的描述语言学才正式成型，并进入其初步发展阶段。布龙菲尔德《语言论》曾是大西洋上最著名的科学方法论和最伟大的语言学作品。根据布龙菲尔德的观点，语言学是心理学的一个分支，它被认为是一个具有实证性质的心理学分支。行为主义语言观认为，儿童的语言学习是由一系列的"刺激—反应—强化"过程来完成的，而成人的语言运用也是一种"刺激—反应"的过程，当布龙菲尔德的方法被引入语言学研究领域之后，在语言学研究中，人们更容易接受和理解本族人所说的语言，而抛弃了他们对自己语言的评价。因为只有观察了没有准备的、由说话人自然陈述的话语而做出的语言描写才是可靠的；相反，如果一个分析者通过询问说话者诸如"你能否用你的语言说……"之类的问题得到的语言描写则是不可靠的。

布龙菲尔德也讨论了语言学在语言教学中的运用及对传统语法的批判。他指出，18世纪和19世纪的语言学家大多在为英语的发展制订"英语应当怎样"的规则。因此，在外语教学中，我们应从教发音开始，而不要过分关注单词的形式。美国目前普遍采用的英语教学方法明确指出，学习一种语言必须在实际环境中不停地练习和重复，而不是把语法理论传授给学生。

（三）乔姆斯基的转换生成语法

20世纪50年代，美国出现了以诺姆·乔姆斯基（Noam Chomsky）为代表的语言学革命。这次革命在语言学界产生了深刻的影响。一名语言学家说："他的理论可以被人接受，也可以被人否定，但是却不会被人忽略。"乔姆斯基的研究不仅对语言研究产生了深远的影响，也对认知心理学、计算机科学和二语习得理论产生了深远的影响。

乔姆斯基的理论就是所谓的转化生成语法。从1957年出版的乔姆斯基的《句法结构》开始，他的理论在近半个世纪中经历了五个发展时期，乔姆斯基对其理论进行了更多的解释，并与经济原理相一致。

乔姆斯基把语言看作一种由语法规则支配的行为，人类运用语言规律，能够在有限的基础语言单元中，构建出无数复杂的新的语句。人们学一门外语，并非要学一个具体的句子，而是要用新的规则来创造和理解新的句子。规则与创新是语言的两大特点。

乔姆斯基在他的转换—生成语法（TG）中，提出了句子的双重结构理论。他将句子的结构划分为表面结构与深层结构。表面结构是指语句的形式，而深层次的表达则是语句的含义。语法规则在TG中占有重要位置，包括词组规则、转换规则（移位、删除、添加）等。乔姆斯基认为，语言产生的过程是由深层结构向表层结构的转化，而这种转化是根据转化规律进行的。基于上述研究结果，乔姆斯基提出了语言习得理论。按照乔姆斯基的说法，语言是以天赋为基础的。人天生就能掌握一种语言，而动物却无法进行，乔姆斯基把这个生物的自然特性称为"普遍语法"。这种普遍语法是由乔姆斯基称之为原则和参数的抽象系统组成的，反映了语言的统一性，而"普遍"语法参数的分配又决定了普遍语法的差异性。所以不同语言的差异部分归结于不同的参数设定。学生讲英语或汉语，与其所处的语言环境和接受的语言输入有关，因为某一特定语言的输入能使习得者设置使用某一语言的参数。

二、功能派的语言观理论

使语言学在英国成为一门公认科学的是约翰·鲁伯特·弗斯（John Rupert Firth）。他在1944年成为英国首位语言学教授。伦敦大部分大学里的语言教师都是弗斯的学生，他们的著作中都有弗斯的思想。弗斯很大程度上是受人类学家马林诺夫斯基（Malinowski）影响的。接着，他对他的学生，即著名的语言学家韩礼德（Halliday）产生了深远的影响。他们都强调"情景语境"与"语言系统"在英语教学中的作用，因而又被称作系统语言学派和功能语言学派。

（一）马林诺夫斯基的理论

1927年以来，马林诺夫斯基（Malinowski）是伦敦经济研究所的一名人类学教授。他的主要理论是关于语言的功用说，这一点与他的纯粹人类学理论研究不同。马林诺夫斯基认为将思想从说话人的大脑传递给听话人大脑的手段是一种误导人的方式。他认为语言应当被视为一种行动方式，而非与思考相关的事物。马林诺夫斯基认为，话语的意义并不是来自构成话语的词的意义，而是来自话语所发生的上下文之间的关系。

马林诺夫斯基指出，语言往往与其所处的环境有着密切的关系，而情境则是人们理解话语所必需的因素；我们不能只依赖语言本身的内在要素来辨别话语的含义；语言的含义始终受情境的影响。马林诺夫斯基还将场景语境分为三种形式，分别是：①语言与现实生活密切相关的情境；②叙述环境；③言语仅被用来填补语言空白的环境——寒暄交谈。在第一种语言环境中，马林诺夫斯基认为，词语的含义并非来自它所指的自然属性，而在于它的作用，初学者在理解单词的含义时，并不是要解释它，而是要学会如何运用它，同时它也可以通过主动地参与动作来获取含义。马林诺夫斯基将叙述自身所处的地方与所描述的环境加以区别，前者是指当时在场的人的社会态度、智力水平和情绪的改变，后者是根据语言的含义（如神话中的情景）来解释的。马林诺夫斯基强调，虽然叙事的含义与语言环境无关，但它能影响听者的社交态度和情感。第三个语境是自由的、无目的的社交对话。它的使用并非与人类的行为最为密切，它的含义也不是源于使用语言的环境，而是源于社会交往的气氛、谈话者之间的私人交流。比如，一句礼貌的话，其作用和词义几乎是毫不相干的，马林诺夫斯基称之为"寒暄交谈"。

马林诺夫斯基于1935年出版了一本名为《珊瑚园及其魔力》的著作，对语义理论做了进一步的拓展，同时也提出了两种新的见解。第一，他提出了语言学的研究材料，把孤立的词语看作一种虚构的语言事实，同时也是一种高级的语言分析的结果。在他的观点中，真实的语言事实就是在真实的语言环境中所使用的完整的话语。第二，如果一个语音用于两种不同的语言环境，则不能称之为一个词。应该认为是两个词使用了同样的声音或是同音词。他说要确定一个声音的含义，需要对其所处的环境进行认真的考察。

（二）弗斯的典型情景语境

弗斯的研究和马林诺夫斯基的观点是一致的，他将场景语言作为一个主要的研究对象。他对情景语境的界定，不仅限于语言环境中的人在语言环境中的行为，而且还涉及语言的整体文化环境和个人的历史。弗斯认为，句子具有无限的多样性，因此他提出了"典型情景语境"的概念。弗斯解释道，在一个典型的情景语境中，社会情境决定了一个人在这个情境中所扮演的角色，所以一个典型的情景语境也是有限的。正因为如此，弗斯说："和大部分人的想法不一样，交谈更像是一种既定的习惯，当别人对你讲话时，你就会陷入一种预先设定好的环境中，你无法随心所欲地说出自己想说的话。"因此，弗斯对上下文进行了更加具体、细致的分析。他认为，在对情景语境进行分析的时候，必须兼顾篇章的情景、语境等因素。

1. 篇章本身的内部关系

（1）结构各组成部分之间的结合关系。

（2）在一个体系中，各单元之间的聚合关系。

2. 情景语境的内部关系

（1）语篇和非语篇的关系及其整体效应。

（2）"小片段""大片段"（如词、短语）与特定的构成要素（如项目、对象、人物、事件）之间的关系。

弗斯在语言学方面的另一项重要成果是他在1948年在伦敦语言协会上所提出的韵律分析方法。人类的语言是一个至少包含一个音节的连续语流，它不能分割成许多单独的单元。在这种语流中，要对各种层面的作用进行分析，仅有语音描述和音位描述是远远不够的。这是因为，真正的声位描述仅仅讨论了聚合的关系，而没有涉及组合的关系。这些共同的特点被归入组合的关系，被称为韵律成分。

弗斯并未对韵律成分进行界定，但他在其论述中描述了韵律成分的构成，包括重读、音长、鼻化、硬腭化、送气等。总的来说，这些特征不单独存在于一个音声单位。

对"多系统"的强调并非忽略结构分析。实际上，弗斯对这种组合关系很看重。他指出，话语的分析单元并非词而是语篇，是在特定环境下的语篇。将语篇分解为不同的层级是为了方便学习。每个层级都是从语篇中提炼出来的，所以从哪个层级开始并不重要。然而，无论从哪个层级入手，都要对语篇中的韵律成分进行分析。

（三）韩礼德的系统功能语法

韩礼德在伦敦学派中对弗斯的学说进行了继承和发展。他的"系统功能语法"是20世纪语言学研究中最具影响力的一门学科，对语言教学、社会语言学、话语分析、文体学、机器翻译等各方面都产生了巨大的影响。系统的功能语法包括系统语法和功能语法两大部分。这两种语法在语言学理论的总体架构中是密不可分的。系统语法的目的在于阐明系统中的基本关系，即由多个与语义相关的子系统构成的系统网络，也被称为"意义潜势"。功能语法的目的在于阐明，作为人类交际活动的工具，其构成要素是以语言体系和构成要素为基础的，同时也必然受到其作用与功能的影响。

韩礼德在其早年的作品中，从对儿童语言发展的观察来看，认为语言具有工具功能、控制功能、交流功能、个人功能、启发功能、想象功能及告知功能七大功能。当学生的语言越来越接近成人的时候，这些微观功能就让位于宏观功能。宏观功能主要有三个方面：概念功能、交际功能、语篇功能。概念功能是对句子语义内涵的描述；交际功能描述了说话人如何通过交互作用来影响他人，实现交流；语篇功能的作用是描述信息的结构。概念的作用主要包括两大体系：经验体系和逻辑体系。经验体系要解决意义的选取问题。这一过程主要通过及物化体系来实现。及物性是指"过程"中的动词及其所牵涉的人与物的关系。逻辑系统主要是处理并列、依存和同位化的结构要素之间的逻辑联系。

交际功能包括两大体系：互动体系与角色体系。互动体系描述了说话人如何与他人进行交流，以及他们是如何以一种既定的形式影响他人的行动，从而获得一定的交流效果的。互动是由语态系统以不同的语调来表示不同的语意或言外之意来完成的。角色体系描述了说话人的情绪意义，也就是说话人对一个命题的观点和评估意见（如可能、大概、一定等）。

语篇功能的作用是处理句子的主位构造、句子命题的信息结构、句子内部和句子的连接。系统语法将主位结构划分为主位和述位两大类。主位在句首、述位随后，是一种常用的句序，因此我们把它称作无标记形式；反之，述位在前、主位在后则成为有标记的形式。系统语法认为，主位不但可以由主语来体现，还能由谓语、补语、助动词等表达。信息结构是指在语篇中对已知和未知的信息进行排序。所谓已知信息是说话者以为听者能够从之前的内容中得到的信息，而未知信息则是对方无法从之前的内容中推导出的信息。在一句话中，未知的信息是不可或缺的，而已知信息却是可有可无的。不同的信息组合形式形成了不同的句子信息结构。衔接是指篇章结构要素间的连接关系。衔接是通过语法手段、词汇手段及其他手段来完成的。"指代""省略""连接"等是其语法工具；词汇手段有形成词链、运用同义词、运用反义词、运用上下义词等。具体来说，"连接"可以分成四类，即添加、转折、因果、时间。

在语料库、交际区和语篇三大功能体系中，用户一旦选定了合适的条目，就必须在词法区选取对应的词，并将它们按顺序排列。在这种情况下，说话者的意思最终会经过语义层面和词法层面而进入音系层次。音系层次是为了在语调、重音等方面表现使用者的意图。因此，系统的功能语法将语言分为五个层次，即语境、意义、遣词、音的结构和语音。意义既是一个中心层面，又是一个体系，这种含义是由上下文来决定的。调整后的语义是通过词汇来表达的，而词汇量是由语法体系决定的，因此词汇量必须按语法的规定排列；接着就是语音的构造体系，它决定着语调、重音和发音等。

韩礼德的语言功能观，从不同的视角来审视语言的本质，使语言学家对语言的认识更加深刻，并为以后建构起一种新的思想教育模式（交际方法）奠定了基础。有些学者从语言的社交功能入手，对语言使用者和语言的使用进行了研究。海姆斯（Hymes）作为这一领域的代表性人物，他对乔姆斯基关于"语言能力""语言运用"这两个概念上的交际能力进行了研究。

第二节 英语教学法的理论基础

英语教学法作为外语教学的一个重要组成部分，是为完成教学任务、解决教师如何教和学生如何学的问题、实现师生互动所采用的手段和方法。在语言教学历史上，英语教学法的理论层出不穷，目前国内还在应用的主要有语法翻译法、情景分析法、认知分析法、交际法等多种方法。各种教学理念在见解方面相互学习借鉴，理论内容相互渗透。此外，我们也有一些英语教学方法是国内学者自己创造出来的。

一、语法翻译法（grammar translation method）

（一）产生背景

在18世纪末期，欧洲开始出现了语法翻译法，它是随着现代语言作为外语进入学校课程而形成的第一个有影响的外语教学方法体系。

拉丁语在16—18世纪是欧洲一门主要的语言课程。当时，拉丁语的普及主要表现在两个方面：一方面，在崇尚古典文化和艺术的文艺复兴时代，拉丁语的学习对拉丁语文献的传承起着举足轻重的作用。另一方面，18世纪德国兴起的官能心理学认为心灵具有不同的官能（能力），它们是心理活动的心灵力量。官能心理学相信，官能是彼此独立的，可以单独培养。在西方，由于官能心理学的影响，形成了一种"形式培训说"，认为某些学科具有训练一种或几种官能的特殊价值。拉丁语被公认为最严密、最有逻辑性的一种语言。所以，拉丁语的学习被视为一种能很好地锻炼思维能力和观察、比较和综合能力的方法。这种教学目标决定了拉丁语教学法中两个突出的主要特征：注重学生的阅读能力和注重语法的学习。

18世纪以拉丁语为母语的现代语言进入学校课程体系，在教科书的编制和教学方式的选择上基本都是在继承传统教学方法的基础上进行的。到了18世纪后期和19世纪中叶，这种基于拉丁语的现代语言教学法已经基本成型，并且在很长一段时间里，成为欧洲英语教学的主流手段。

（二）主要特点

19世纪的语法翻译法在教材编写和教法方面有以下特点。

1. 重视书面语，轻视口语

语法翻译是将语言与文字分开的一种方法，它以培养学生的阅读能力为第一或唯一目的。口语教学仅限于让学生掌握词汇的读音。以母语组织教学、以笔头形式举例，使口、笔语的分开不会对教学造成很大的阻碍，使学生在没有基本的听、说能力的情况下，能够独立地发展自己的阅读和翻译能力。

2. 重视语法教学

语法作为一门语言的核心，在外语教学中占有重要地位。而语法教学又被视为智力培养的一种重要方式，因而语法翻译就成为其核心内容。该课程的教学内容详细且系统地描述了语法规则，并根据语法系统的内部结构进行了逐步的组织，每个课程都会教一两个语法条目。分析、解释、举例、翻译、阅读……所有的教学活动都应以掌握本课程的语法条目为主要目的，而对教学效果的评估则以掌握语法的水平为标准。语法教学采用推理的方法，首先是对语法规则的解释，其次是对规则的运用和巩固。

3. 充分利用本族语，以翻译为主要学习活动形式

教师用母语组织授课、讲解。除了背记、阅读，学生的学习主要是在母语与外文的相互翻译中尝试和巩固所学的规则和单词。每一种语法条目均附有相应的翻译练习。

4. 句子是教学和练习的基本单位

19世纪的语法翻译法提倡使用句子代替拉丁语中晦涩难懂的段落，以便于学生掌握。

在新的教学思潮和流派不断涌现的同时，语法教学的方法也在不断完善。比如，从一开始单纯向学生教英语到注重学生听、说、读、写、译能力的培养；从单纯地运用母语进行教学到恰当地运用外语进行课堂用语转化等。

二、情境教学法（situational approach）

（一）情境教学法简介

情境教学法又称"视听法"，其目的在于解决学生在英语口语中脱离语境、孤立练习句型、学生有效运用语言能力不足等方面的问题。情境教学法在20世纪50年代首次出现在法国。情境教学是指教师依据文本所描述的场景，创造出生动的画面，辅以生动的文学语言，通过借助音乐的艺术效果，重现文本所描述的场景，使教师和学生在这一场景中进行一种情景交融的教学活动。在情境教学中，语言被视为与真实生活中的目标和场景相关的有目的性的行为。这种教学方法对英语的依赖性很强，教师运用多媒体来塑造场景，通过语言场景来进行新的语言点的教学，使学生有一种身临其境的感觉，并能提高学生的学习热情和主动性，使他们能够更精确、更稳固地记住英语知识。学生通过获取丰富的情感素材，使英语教学的理论和实际相结

合，为英语的学习创造有利的环境。在外语学习过程中，一个良好的学习环境能极大地提高英语学习的效果。情景的创造可以加快建立英语和事物之间的关系，帮助人们更好地理解所学习的语言；注重对话式的整体结构，让课堂生动、自然、精确。然而，情境教学法的缺点在于，在实际应用中，只能以情景练习句型，而在教学中仅容许使用目标语，而将母语排除在外，这对学生全面了解语言材料是不利的；如果教师过于注重整体的结构感觉，那么就不能确保学生能够清晰地理解语言项目。

情境式教学是指教师依据课堂内容，运用实物、图片、电教设备、动作表演和学生的真实心理，使学生能在现实情况下进行交流，并能在复杂、变化的环境中作出独立的判断和反应。其核心是通过在课堂上有意识地导入或创设以形象为主体的，并具有一定情绪色彩的生动具体场景，从而加深学生对教材的认识，促进学生心理功能的培养。

其基本步骤是创设情景、学习语言、口头表达、反复演练、书写练习、加强结构。在教学中，教师既是语言的典范，也是教育活动的组织者和领导者。教师要用正确的、地道的英语来创造学习环境，因为教师的语言是学生模仿的典范。教师是课堂活动的设计者和指挥员，因此教师既要对课堂活动进行有效的组织与控制，又要注意观察学生的反应，再思考下一节课应该怎样进行教学，使他们能够更好地纠正自己的错误。在情境教学中，英语是教学语言，教师运用英语组织教学、解释语言项目、安排课后作业。但是，如果遇到某些无法理解的问题，教师可以用母语进行说明，但不鼓励学生使用母语。

（二）情境教学法在教学中的应用

为了让教师能够按照情境教学法的教学原理和步骤来教《新概念英语》，亚历山大（Alexandria）在教材中不仅给出了每个教材的具体操作步骤，还给出了每个课程的课堂活动。《新概念英语》的教学内容可以归纳为创设情境、学习语言、听说练习、反复操练、书面练习、巩固结构几个方面。

教师先从教科书上所示的图片来告诉学生要学什么，然后再进行听力练习，听对话或课文。因为教师要让学生合着书本听，所以这个阶段的学生只能通过语音和图形来获得知识，而不能进行文字交流。在课堂上，教师会向学生解释文章中的新单词和新语法，但是遇到一些很难的单词或结构时，也可以用自己的母语来解释。通过对课文的理解，教师会引导学生练习文章中的重点结构。在练习中，教师会给学生一些语言上的提示，并对练习的内容进行控制。

在听、说练习的基础上，教师还会安排笔头练习，使学生能够巩固所学的知识。笔头练习有回答问题、转换句型、造句等。

三、认知教学法（cognitive approach）

认知教学法是一种外语教学的手段，其理论基础是学习是一种积极的心理行为，而不仅仅是一种习惯的养成。它在学生使用、学习语言、语法方面发挥着积极的作用。

（一）乔姆斯基的重语法轻语义论

乔姆斯基在语言研究中语法和语义关系上观点前后不一，首先是关注语法而不考虑语义。乔姆斯基在其著作《句法结构》中清楚地说明："语法是一种独立的、不依赖于意义的行为。"他将意义比喻成头发的颜色，并指出，学习语法不一定要学习含义，正如学习语法不一定要懂得讲话人的头发是什么颜色。他的这个观点遭到了许多学者的反对，其反对者认为，语言应该包含语义，若不考虑语义，就像研究牛奶没有奶牛是不可能的。

乔姆斯基自己也觉得自己所确立的语法法则无法解释全部的句式，因而觉得先前的观点太过绝对，需要加以修改。乔姆斯基采纳了反对者的意见，在《句法理论面面观》中将语义因素纳入其中，他说："事实上，我们没有必要做出句法考虑和意义考虑可以截然分开的假设。"乔姆斯基放弃了语法上的独断专行，不再坚信"先从句法产生深层结构，再从深层结构走向语义"的看法，而是把语法与语义结合起来使用。他在语义问题上建立了一套理论，也就是标准理论。标准理论分为三个方面：语法、语音和语义。乔姆斯基虽然纠正了以往的过分绝对的看法，但并没有给予语法、语音、语义三个方面的平等地位，乔姆斯基主张句法自主权，其不需要依靠语义概念就可以独立进行。他认为，一个句子的含义是建立在其基本要素的含义和组合方式之上的，而表面（直接组成要素）结构所提供的这种组合，通常与语义解释完全不相关，但是在抽象的深层结构中所表现出来的语法关系，往往会影响句子的意思。

乔姆斯基提出，语法的基本部分生成句法表达式，并利用语义规则对其进行更深层次的解释。语法系统中只有句法成分具有创造性和生成性，而语义成分仅具有解释性，不具有生成性。虽然乔姆斯基后来多次对自己的学说进行重大的修正，但其对语法与语义之间基本联系的认识却没有发生变化，他一直认为语法是语言的基石，依然遵循着句法与语义无关的原则，认为句法的研究不应该建立在语义之上，形式必须独立于意义之外进行描述。

（二）乔姆斯基的语义内在论

在20世纪60年代，生成语言学理论是西方语言学中最具影响力的学说。生成语言学是以理性主义哲学为基础的，所采用的理论和方法与以前的语言研究大相径庭。生成语言学对现实生活中的外在的语言并不感兴趣，但对人类内在的语言能力却很感兴趣。由此，生成语言学理论从一种狭隘的语法转到了认知科学。但是，从语言学的观点来看，生成语言学本质上是一个广泛的语法理论，其目的是研究人类独特的产生无限语句的能力，同时也包含人们对不同语句理解的内在能力。因而，在生成语言学的理论中，句子的语义问题就成为一个非常重要的问题。

乔姆斯基认为，语言能力是人的一种内在机制，它具有自治性和生成性，并强调心理上的内在指向性，并由此产生了"语义内指性"。乔姆斯基从语义内在论的基本观点出发，归纳出了以下几个方面：①人具有创造和运用语言的能力。②语义与外部感官刺激无关，其含义早于词汇，即在没有词语形式表达之前就已经存在于人脑之中。③语义是不能通过归纳、类推或推理而从他人身上习得的。④语义是一种具有人的种属性质的心理和认知活动。⑤个人对含义的心理感觉大致是一样的，同时也是相通的。

乔姆斯基提出了以下几个例证，以证明意义先于词语。

第一，每个人都有一种"心中有事，却又无话可说"的情形，其中有很多含义和想法，我们无法用语言来表达，意义的数量远远大于词语的数量。

第二，根据一句话的句法信息，儿童能够识别母语中不存在的词语的意义。

第三，虽然学生还不能用文字描述，但他们可以辨认父母话语表达的意图、信念和意义。

第四，盲人和普通人大脑中色彩词语的含义相同。

第五，哑语在语言结构和学习上与一般人的言语是一致的。

第六，大范围的感知器官受损不会对学习语言产生很大的影响。

第七，新生儿对于出现在任何一种人类语言中的"对照"同样敏感。

乔姆斯基认为在意义问题上，存在着内在论与外在论之争，而指称论和真值论的语义观念则是"外在论"；语言是人类大脑的一种属性，其含义是存在于大脑中的，因此其对语义观有着内在的认识。乔姆斯基把语言看作天生的、普遍的，一种精神上的自治能力，它不与外部世界联系，也不依赖身体的体验。

（三）主要教学活动和特点

认知教学法将外语教学分为语言理解、语言能力和语言应用三个阶段。

第一个阶段在语言理解阶段，要求学生能听懂教师所讲授的外语知识，了解其规律，了解其组成及使用方法。根据认知原理，语言教学可以采用发现法。教师可以提供一些语言素材，引导学生找到并归纳语法规律。

第二个阶段的教学重点在于培养学生的语言能力。学习语言的能力，要通过对语法规律的了解，有意识、有组织、有意义地进行练习。练习的形式多种多样，有些形式与听、说、读等一样。然而，认知法提倡进行有意义的活动来表达自己的想法和情感，而不是单纯的机械训练。练习的方式有看图说话、描述情景、转述课文、造句、翻译等。

如果第二阶段的训练内容与课文内容紧密相关，并且具有很强的控制力，那么第三阶段的教学活动就应当是控制力较少和自主性较强的交际活动。通过多种交际式的训练，使学生能够在听、说、读、写的过程中，更注重实际的语言交流能力的培养。

交际训练指在特定情境下进行谈话，例如，在商店购物、在医院看病、在餐厅吃饭等情境下进行的会话交流；比如，在阅读了有关"babies"的文章、电影、视频、幻灯片之后，请学生讲述文章、电影、视频、幻灯片的相关内容。交际训练包括口述、写作和翻译。无论教学模式是什么，教学活动都是以学生为主体的，教师在教学过程中起着辅助作用。

在教学过程中，我们要按照有利于学生对语言规律的发现和认识的原则进行教学设计。教学素材包含电影、录像、录音等，这些素材反映了外语在各种场景中的运用，从而使教师能够在课堂上为学生营造一种练习交际的环境。

认知教学法认为，在外语教学中，教师应该把学生放在第一位，只有让学生对外语产生浓厚的兴趣，才能激发他们的学习动机，使他们更积极、更有创造力地学习外语。在英语教学中，教师起指导作用，指导学生掌握语言规律，创设情境，使他们练习语言规则。学生是主动的语言使用者，他们在教师的引导下发现语言规则、理解语言规则，并将其创造性地应用到实际的交流活动中。

四、交际教学法（communicative approach）

交际法，也叫"功能法"或"意念法"，是20世纪70年代初在西欧社会中兴起的一种用语言进行交际能力培养的教学方法。交际理论是人类对语言功能的深刻理解，也是人类对语言能力的深刻认识，还是人类在外语教学中从注重语言形式、结构的方向向注重语言功能方向的一种转变。

（一）交际教学法简介

交际教学法是威尔金斯（Wilkins）先生在20世纪60年代提出的，威尔金斯认为要想培养交际能力，人不仅要有语言知识，还要有语言应用的能力，特别要注重语言使用的恰当性，这就涉及人对交际时间、场合、话题、方式等多种要素的灵活掌握和应用。交际法改变了英语教学观念，并对英语教学起到了重要的促进作用。它主张以语言功能为纲，注重通过语言应用来掌握语言，以达到培养学生交际能力的教学目标。传统英语教学采用"满堂灌"的教学模式，忽视了对学生语言能力的培养，使其逐渐偏离了现实需要。交际教学法是在教师与学生共同参与的课堂互动中，让学生有更多的机会使用英语，以提高学生的语言能力为目标。它注重交流的过程，认为是否有明确的交际目的和结果是无关紧要的。交际教学理论认为，语言是达到交流目的的一种方式，但仅仅具备听、说、读、写等能力并不能保证学生正确地传达思想、理解思想，由于语言的传播功能受到社会因素的制约，因此教学过程就必须交际化。这就要求学生尽量不去机械地进行训练，而是要去现实的或者接近现实的交流环境中，感受情景、思想、态度、情感和文化因素对语言的选择和作用。与此同时，教师要利用课堂、多媒体等手段，为学生创造语言交际环境。

（二）交际教学法的特点

交际教学法有两个基本观点：①掌握一门外语的人都有其特殊的语言需求；②语言不只是生成句子的体系，还是表情达意的体系，其主要作用是社交活动。因此，交际教学法的教学目的是培养学生在一定社会背景下运用语言进行交流的能力。为此，在课程标准的制订和教学活动的选择上，我们应采取如下策略。

1. 分析学生对外语的需要

在制订课程标准时，应从分析学生的语言需求入手，找出学生学习外语的原因。未来他会在哪种情况下用外语？他在未来会使用哪种语言？通过对学生的需求进行分析，可以了解学生所要掌握的语言功能、所使用的文体、语言的形态，从而形成一套适合学生的语言学习方法。这种提纲可以让学生掌握所需的各种语言功能和格式。需求分析作为独立的教育方式探索工作，其方法的选择、需求的确定等都是值得关注的问题。

2. 以意念或功能为纲

在交际方式上，把语法和情境作为主线，忽略学生的具体需求，很难形成有效的交际手段，而且会带来很多负面影响。在思想方法产生之时，人们主张以思想作为线索，这种思想提纲更符合学生的实际需求，并对语言运用能力的发展起到了促进作用。思想概要，是指语言使用者在运用语言时所完成的交流功能，也就是"功能概要"。《入门阶段》是交际教学法的纲领性文件，以传达和获得真实的信息、理解或表达理性的态度、表达或理解情感态度、表达和理解道德态度、使人做事、社交等六个方面为主线。思维是交流的核心，因而又被称作"思维功能路径"。

3. 教学过程交际化

课程标准的制订和教材的编写并非整个教学系统的全部内容，而交际能力的培养则最终要通过课堂教学来完成。其具体表现为以下几点。

（1）在英语教学中，语篇是最基础的单元。在选择语言素材时，力求做到真实自然。

（2）以学生为中心，教师的主要作用是提供和组织各种活动，使学生能在各种活动中学会外语。

（3）教学活动注重内容，大量运用信息转换、模拟情景、角色扮演、游戏等多种活动。

（4）对学生的语言错误持宽容态度，避免因经常纠正错误而中断其持续的语言表达活动。

五、国内现代英语教学法

20世纪90年代以后，受国外相关理论的影响，我国的外语教学出现了一种新的倾向，即"以学生为中心"的教学活动。近年来，我国英语教育领域出现了几种经验性的教学操作模式。

（一）外语"立体化"教学法

英语立体教学的基本原理可以归纳为自学为主、听读先行、精泛倒置、知集技循、整体多变、用中渐准。

1. 自学为主

培养学生自主学习的能力和学习的动力；前者主要为拼读能力和语法知识，后者则依靠教育作用和师生易位。

2. 听读先行

在听力的基础上，先听，再说，再写；阅读包括朗读、默读和领悟。

3. 精泛倒置

精读的材料少而熟，阅读越多，越能强化；泛读越多越好，起巩固作用。熟读少量的课文，并为重点讲解知识做好范例。

4. 知集技循

将语言的知识集中传授，努力把复杂的东西变得简单；言语技能螺旋循环，在新语境中熟练加深。

5. 整体多变

所有的教学都是以整体的语言素材为中心，采用整体系统法进行教学；素材要多做些变动，要有一些新意。

6. 用中渐准

学生不能一次把所有的内容都学习一遍，要先学习课程标准，然后逐步丰富；也不要求学生学多少会多少，而是由粗到细，在使用中逐渐准确、全面。

英语立体教学理论属于一级教学理论。在这一基本原理下，教师可以根据教学环境、教学主体和教学对象的特定特征，选择教学方法、流派、模式和技术，努力发挥其优势，力求扬长避短，达到最佳效果。

（二）双重活动教学法

1. 双重活动教学法的主张

双重活动教学法是一种全新的教学方式，在实践中得到了广泛的应用。在教学过程中，教师起着引导和辅助作用。在教学过程中，教师要与学生进行全方位交流，并进行大量的语言输入与输出，以促进学生自主性的发挥。在英语教学中，教师要充分利用英语教学中教师与学生的主体性来提高英语教学的质量。

（1）课堂教学的内容和方式

教师经常根据课本的教学内容，在一定程度上增加背景知识和阅读任务，以确保学生有充足的英语输入；同时，教师也会对学生日常生活中的日常用语进行系统教学，以提高他们的语言水平。在教学实践中，始终坚持"英语双课堂"的思想与原则，灵活应用"五步"教学法，合理吸收"任务型"与传统教学的优点，并在教学中做到以下几点。

①在教学中，坚持对学生进行听、说、读、写四项基本技能的全面培养，做到听、说、读、写活动的合理安排。保证练习方式的多样性，使学生的听力、口语、阅读、写作四种技能相互促进、协调发展。语言教师的首要任务是使教材成为语言交流的本体，它不仅要解决教材所承载的英语本身的信息，还要挖掘其教义的内涵，使课本中的英文变成有声有情、有景有意的交际事实，引导学生讲真话、做实事、真正地表达自己的想法。与此同时，教师也要注重学生文化层面的提升，让学生全面、真实地认识英语语言的特征，从而保证英语课堂教学的新鲜性。

②英语双重活动教学理论认为，教师要改变教学方法，必须进行有效的教学活动。学生的听、说、读、写能力都要经过积极的实践才能得到发展。所以，在教学中，要认真考虑教学的"双主体"、教学内容与教学环境的关系，并根据教学实际，合理安排教学活动，使教学与"双主体"、教学内容与教学环境相结合，设计出符合学生和教学实际、情景交融、切实可行的教学活动。同时，学生的行为需求也会随着他们的认知结构、语言能力的增强而增强，从而确保其活动的数量和质量逐步提升。

③情景是进行语言交流的必需要素。在英语课堂中，教师要创设出一种情景，让学生在特定的语言情境中听、说、做，实现形象化、趣味化、交际化的效果，同时让学生有一种身临其境的感觉，并激发学生的学习热情和学习动力。同时，可以利用挂图、模型、幻灯、投影、录音机、录影（或DVD/VCD）、多媒体等手段，为学生创造交际情景，引起学生的无意识关注，引发学生的"视、听、说、写、思"等感观活动，最终唤起学生的自觉注意

力，并能在自然或仿真场景中运用生动的语言来表达自己的情感。

④轻松愉快的课堂氛围和语言氛围可以减轻学生的紧张和焦虑感，促进学生轻松愉快地参与课堂活动，并能充分发挥学生的潜能。比如，在课前放英语歌或者英语诗歌；在课前五分钟，让学生用英语做值日报告，或者说一些有趣的英语故事，或者猜谜，或者谈论自己的经历、家庭、朋友、所见所闻，这些都可以帮助学生提高自己的口语水平，同时也可以鼓励和赞扬他们的表现，使他们更加自信、更加主动地参与课堂。英语活动教学的本质之一就是尊重学生的主体性。在英语素质教育中，教师要以高尚的人格和渊博的学识感染学生，以民主文明的姿态影响学生，以亲切的态度激励学生战胜困难，让学生在英语学习中学会做人、学会交际、学会学习，形成乐观、积极向上的个性。

⑤外语是一门需要大量实践的学科，需要智慧，更需要多加练习。在英语教学中，教师要尽量给学生创造一个良好的学习环境，并为他们创造更多的实践机会。在课堂上，教师要根据教学实际，组织各类教学活动，让学生展示自己的才华，还可以组建活动小组，进行口头练习、排练英语小品、参与"英语角"等，为学生创造一个全方位的语言实践活动环境，从而提高学生的语言应用水平。

⑥在英语教学中引入科学的评价方法。坚持全面评价，既要体现学生的实际情况，也要体现学生的发展潜力。采取师生评价与同学评价相结合的合作评价方法，切实形成以形成性评价为主的能激发学生学习兴趣、帮助学生建立自信心的评价机制，促进学生语言综合能力的提高和健康人格的塑造，从而全面落实英语素质教育。

（2）课堂教学的方式和方法

英语双重活动教学理论是一种以师生为主体、以英语素养为核心、以全面应用英语为目的的教学方法。英语"双重活动"教学理论和"五步"教学法的灵活应用，为英语素质教育的开启提供了一把金钥匙。通过教学实践，教师可以让学生明白这些步骤的用意，使大多数的学生都能学到知识，并取得很好的学习效果。在完成一单元的部分课件时，可以针对课件的内容和实际需求，适当地安排一些学生感兴趣的"驱动任务"，让学生先做好准备，再进行表演或展示，这样就可以促使学生更积极地使用英语，这将对英语的教学起到很大的促进作用。

2. 双重活动教学理论的影响

双重法是一种融合了外国教育思想和教育理念，并充分反映中国语言教学特点的一种富有中国特色的外语教学思想。双重法不仅在理论上有较为完整的论述，而且其可操作性也很强，只要用心去学，就能掌握其要义，并能结合实际教学情况进行应用。

第三章 初中英语教学模式

第一节 微课教学模式

一、微课的概念

微课也就是所谓的"微视频网络课",也被称为"微课程",它把零星的教学资源通过短视频进行传播,其内容主要是围绕着一个清晰的知识点,严格地根据其所制订的教学目标进行设计。微课包括微教案、微课件、微练习等一系列与之相关联的学习资源,就像一条"教学链",使教学效果得到系统化的提高。

微课的整个教学流程都是精心设计的,是根据信息化的需要,科学合理地将某个知识点制作成短片,以达到教学目的,虽然内容很短,但是很完整。有关学者认为,微课在教学中的作用很重要且时长不能超过10分钟,微课作为一种学习的辅助性手段,在翻转学习、移动学习、协作学习等方面都有很大的作用。以短片形式展示教学内容,可在极短的时间内把一堂课完整地呈现出来。从网络资源的角度来看,微课程在教育界受到越来越多的关注。

微课是一门以短视频为基础,将教学重点结合起来,让每一位学生迅速掌握知识的教学方法。微课是一种综合了视频、语音、评估等教学资源的一体化教学方法。在满足教师结合各种教学模式的同时,也满足了学生的各种兴趣。

二、微课的特点

微课是目前各大教育平台上的"抢手菜"，其最大的优势在于其自身的一系列特色，具体表现在以下六个方面。

第一，微课最重要、最受欢迎的特点是其"短"，这一点在许多教师中引起了极大的重视与争议。优点是可以节省学习的时间，缺点就是太简单了，容易忽略重点。

第二，微课的内容很简练，也叫"精简"。其精练和简化都是以科学的方式来设计的，从重要的内容中再筛选关键的部分进行讲解，以取得良好的学习效果。

第三，微课的时间是有弹性的。在现代教学中，教学时间紧张，微课可以充分满足学生的课内外学习需求，使学生充分利用业余时间进行学习，为教师的课堂教学腾出更多的时间，有利于提高教学效率。

第四，微课的教学内容具有较强的趣味性和创新性。而多学科的结合，更能激发学生的学习热情。

第五，课程的传播途径多种多样。课堂的规模本来就不大，微课制作简单，便于推广，所以大家都可以在学习上成为一门课程的推动者，加上现在网络的便捷化，有利于微课的传播。

第六，微课的教学目标明确。微课的教学内容具有很强的针对性，因此学生的学习反馈也会更为准确。

三、初中英语微课教学模式的实践研究

（一）课前创设情境

在正式上课前，教师会根据课程内容，选取与课程内容有关的微课视频放给学生。一方面，学生可以通过对微课内容的预习，提前了解本节课的重点和难点；同时，教师可以通过微课创造良好的学习气氛，激发学生的学习热情，从而达到事半功倍的效果。比如，教师可以让学生在课堂上

看某些反映英语文化背景的微课，从而使学生对这节课的学习产生浓厚的兴趣，并能有效地促进学生对这节课的学习，使他们能更好地了解不同国家的文化，同时也能让学生提前了解所学词汇和其他重要的识记内容。

在情景创造的过程中，微课既能帮助教师顺利地导入这门课程，又能极大地激发学生的好奇心、求知欲、学习兴趣等。在对学生是否喜爱微课的调查中，学生都表示喜欢并愿意经常使用微课。这说明微课在课堂预习和课程导入中是非常有效的。

（二）课上学习巩固

在课堂上运用微课，可以辅助英语教师进行讲解，起到补充、巩固的作用。教师在课堂上运用微课，不仅改变了过去初中英语教学中教师一味讲解、学生只做笔记的尴尬局面，让学生的学习氛围更加轻松活泼；同时，也为学生提供了一种新的学习资源，打破了教室里只有多媒体教学的限制。

比如，教师在教学生学习宾语从句时可以采用微课的方法。宾语从句是中学英语教学中的一个重要组成部分，掌握好宾语从句对今后的学习非常重要。教师可以利用微课对宾语从句的概念、重点和难点知识进行详细的阐述。

通过对微课教学的观察，笔者发现有配套练习的微课教学，更能提高学生的学习效果。但微课只是一种辅助的课堂教学手段，它无法替代传统的教师教学。

（三）课后复习总结

复习课是针对学生掌握的知识，以课程标准中的重点、难点、常考点为依据，反复巩固、消化课程内容的课堂教学。同时，根据自学教学原理，可以让学生利用微课录像进行课后复习。对于学生来说，他们可以通过自我监督、自我强化等方式来制订自己的学习方案。在此基础上，结合复习课的自主性、针对性原则，教师可以帮助学生找出学习中的问题，使学生更深入、更有条理地进行学习，更好地激发他们的学习兴趣，提高他们的自学能力。对于教师来说，利用微课录像进行教学，可以减轻教师反复讲解的负担，使教师有所收获，同时获得职业发展。

（四）其他拓展补充

微课的教学内容多种多样，既能使学生更好地理解和掌握教材内容，又能为学生提供一个更广阔的发展空间，让学生能在微课中接触很多教师没有重点讲解的知识。《英语课程标准》明确了学生综合语言运用能力的五个基本功能及其内在关系：语言知识、语言技能是学生综合语言应用能力的重要组成部分；文化自觉是恰当地使用语言的保障；情感态度对学生的学习与发展有很大的影响；学习策略是提高学生学习效率、培养学生自主学习的重要保障。它们相互补充，共同促进学生综合语言应用能力的培养和提高。

"文化意识"在外语教学中起着举足轻重的作用，也是综合语言运用能力的五大因素之一。新课标要求教师要提高学生分析问题的能力、语言实际应用的能力，不仅仅是单纯的知识传递，还要超出教科书等书面材料的范畴，拓宽学生的知识面，使其更好地理解西方文化，体会中西文化之间的差异。在过去的一次采访中，有同学说教师基本上不会解释外国的文化背景。在对教师的采访中，一些教师却对此给予了肯定，他们认为在平时的课堂上，利用多媒体、网络通信等手段来拓展西方文化的知识是非常必要的。比如，在英语课本中，有选择地增加一些英语国家的基本情况介绍，让学生在理解语言的基础上，了解外国文化，认识中外文化的差异。在英语教材的选用上，要注重文化的指导，选用具有典型意义的教材，以提高学生的跨文化意识。在与教师的交谈中，一些教师也表示要把微课运用到平时的语言积累、文化了解等方面，会让学生很容易掌握新知识，同时也能充分发挥微课的作用。微课不限于课堂内外，也不限制时段，教师可以在上课之前运用微课进行知识点预热，也可以在课堂上讲解某个问题时播放这类微课程，让学生对该课程有更深入的了解。

通过对微课在扩展、补充环节中的运用进行研究，笔者认为，微课不仅可以扩展文化背景，而且还可以用来预习和温习功课。因此，在教学过程中，教师要充分运用微课资源来扩大学生的知识面，使学生更加深入地接触西方文化，体会中国文化与西方文化的不同，从而提高学生的跨文化意识。

第二节　翻转课堂教学模式

一、翻转课堂的概念

翻转课堂教学模式引起了教育工作者的广泛重视。下面介绍了国内有关翻转课堂教学的一些看法。

有关学者指出，翻转课堂是指利用信息科技帮助学生获得知识，而学生的知识内化则是由教师在课堂上的引导与同学之间的合作与互助来完成的。翻转课堂教学模式改变了以往教师在教室上课、留家庭作业的传统教学方式，而是让学生在课后的空闲时间自行学习，白天则在教室内通过教师的辅导和与同学沟通来完成练习。

教师运用互联网技术，让他们可以根据自己的意愿，选择最合适的方式去接受新的知识，让需要学习的内容在课前完成，将重点、难点放在课堂上进行讨论，让同学和教师进行更多的交流和沟通，保证课堂上的意见相互碰撞，从而将所学内容内化于心。

有关学者指出，翻转课堂是将传统的教学内容置于课堂之前，让学生自己来完成，而将课后知识的吸收和内化放入课堂，利用信息技术、教育技术制作教学录像，让学生在课前完成知识的学习。

目前，国内学术界对翻转课堂的理解主要有两个方面：一是在学习层面上，即"翻转"是让学生获得知识、巩固知识、内化知识的过程；二是从技术效用的角度来看，信息技术的支持是实现翻转课堂教学的一种有效手段。

透过学生的知识学习与内化，使学生能更好、更充分地进行学习。它既可以利用网络教学资源实现时间上的便利，又可以通过直观的互动方式将知识内化，从而消除传统课堂教学和网络教学的弊端。

总之，笔者认为翻转课堂是一种混合教学方式，是一种融合了学生自主接受和协作的学习方式，同时又是一种课内外结合的形式，其本质就是通过信息技术来构建以"学"为核心的新的教学秩序。翻转课堂教学将教学分为两个主要层次：一是学生在课堂上对基础知识、基本概念的理解与认知；二是教师和学生在课堂上进行的一种新的教学过程，即教师在课堂上进行灵活的展示、互动等教学活动，让学生对所学内容进行内化和巩固。

二、翻转课堂的特点

（一）师生角色转变

1. 教师的角色转变

在这种教学模式下，教师的角色发生了重大的变化。教师从传统的任务安排与评价向学习的设计与引导的方向转变。在这种教学模式中，教师会为学生精心准备教学材料，并在线上或课堂上进行详细的讲解。同时，教室也不再是教师单向教学的场所，而是师生平等地展开对话、交流、探索知识的地方。教师会根据学生的学习情况，制订适合学生学习的教学计划。翻转课堂让教师从讲台上的讲授者转变为学生学习的组织者、管理者和辅导者。

在这种教学模式下，教师的角色变得越来越重要，尽管学生可以不依赖教师的直接传授，但是在教师的指导下，学生可以有针对性地进行自主学习。在课堂上，尽管学生之间的协作与交流非常重要，但整个班级的进度却要靠教师全面控制和设计。同时，翻转课堂让教师有更多的时间去观察和评估每一位学生，以便更好地指导每一位学生的学习。

有效的教学必然是教师和学生共同努力的结果，教育的目标是不断地培养和提高学生的学习能力。其中，教师在教学中扮演着不可替代的角色，教师是学生寻求知识与真理的桥梁，而翻转课堂则是借助信息科技的发展，使教师能够更充分、更高效地指导学生。教师的角色逐渐从课前的教案撰写者、课堂知识的传授者、课后的旁观者变成了学生学习的设计者、组织管理者和学生课堂内外交流互动的组织管理者、学生学习后行为的观察者。翻转课堂教学可以使教师摆脱传统教学模式的束缚，使他们有更多的时间去设计各种有效的教学活动，从而促进学生学习的深入和知识的内化。

2. 学生的角色转变

翻转课堂教学模式对学生的角色进行了重新定位，教学的效果在很大程度上取决于学生的学习状态。学生成了自主学习的管理者，教学过程中学生的主体地位不断提升。在获取知识方面，学生成了主动的、有目的的探究者。在翻转课堂教学模式下，学生带着学习目标，通过课前自主学习来获取自己所需要的知识，学生的自主学习能力增强。在课前阶段，学生拥有更多支配自己学习的权利和机会；在课堂上，学生有更多的时间、机会和知识基础对自己的学习进行展示，并且还可以在课堂学习活动中参与学习的合作与讨论，对知识有更深层次的认识。同时，学生还会作为评价者，对同学及自己的学习进行评价和反思，总结自己对知识的掌握情况，进而内化与巩固学习。翻转课堂成了构建深度知识的课堂，学生便是这个课堂的主角。总之，翻转课堂教学的整个过程，都显现出学生真正由被动学习者过渡为主动学习者。

（二）教学资源多元化

1. 教学资源的内容更丰富

信息技术的发展、网络资源的共享、教育与信息的融合，使得教育资源的获得方式更加多元化。在传统的教学模式中，学生只能在有限的时间和有限的教学资源中进行学习与体验，而在翻转课堂教学模式中，教师可以提供各种学习资源，如学习网站、视频等，也可以提供各种形式的教学资源，如教学视频、教师自制的视频等。

教学资源的灵活性是指学生可以根据自己的能力和爱好进行灵活调整，并可以根据自己的知识掌握程度灵活地选择和复习。比如，在教学录像中，学生可以按自己的需要暂停、回放或快速播放，这样既可以在学习时进行灵活的调整，也不用担心会遗漏知识，从而提高学习效率。

2. 教学时间高效利用

在过去的教学模式中，为了使大部分学生能够理解和接受教学内容，教师总是反复地讲解教学内容，而忽略了学生的学习进度，使学生的权利受到一定的损害。这种"翻转"教学方式，一方面，可以让教师不需要在教室里对学生进行统一的知识传授，而是将这个过程转移到课后或课前，让学生自主选择学习方式，为学生的个性化学习创造一个平等的外在学习环境。在这种情况下，学生可以根据自己对知识的掌握程度和速度来确定自己的学习时间，每个学生都有机会在自己计划的学习时间里有效学习。另一方面，学生是带着知识和问题走进教室的，所以在教师的指导和协助下，学生能够深入地学习和思考。

三、翻转课堂英语教学模式的实施策略

（一）学习材料制作策略

1. 学习材料的制作

课前学习材料包括导学案、自主听力材料、相关影片、音乐和教师授课PPT等。教学材料的编写应遵循指导学生自主完成的原则，以激发学生的学习兴趣为目的，并以新颖、多样化的形式来满足不同认知风格的学生。

（1）导学案

导学案的内容包括词汇、语法、句型等。导学案的制作应以问题解答为主线，把知识点转化为探索性的问题点和能力点。

（2）微视频、微电影

微视频、微电影的表现形式主要是听力和表达能力的训练，教师应选择与课程内容有关的短片或教师根据教学需要拍摄的短片，微视频应突出和强调主题，情感丰富、生动活泼。

（3）教学呈现

教学呈现的主要内容是写作。因此，在教学过程中，教师要根据选题选取适当的主题，编写的教学内容要涵盖所有的词汇、语法、句式。通过这种方式，一方面可以提高学生的写作水平，另一方面也可以在课堂上让学生进行自我测试。

2. 学习任务单

在课堂教学中，教师要提出"学习结构图"的任务，让学生在自主学习中逐渐掌握提纲要点，并能在结构的梳理中对整个学习内容有效掌握。在学习任务单的设计上，应注重问题的设计，深入挖掘、掌握传统知识，然后针对教学中的重点和难点，将知识点分解成一个个小问题并提出来，让学生在课前学习阶段、解决问题过程中，掌握学习中的重点和难点，从而提高学生的学习能力和应用知识解决问题的能力。

3. 任务驱动

新课标提出的"玩中学、学中玩"是目前最流行的教育思想。所以在课堂上，教师可以针对教学内容采用任务驱动的教学方法，如在课堂上增加海报制作的环节等。此外，任务驱动教学法要求教师根据教学内容设计合适的教学任务。

（二）QQ群平台使用策略

QQ群是一个师生互动的平台。在家里，学生可以通过群里的文件、聊天、视频通话、作业、群课堂等QQ群菜单与教师、同学进行互动，分享自己的学习经验，讨论自己在课下和考试时遇到的问题，然后互相交流。然而，在实践中存在一些问题，比如：一些学生不太熟练，不懂得怎么利用QQ群平台；有些学生将其作为一种聊天工具，而非用于交流学习成果；等等。这不但不能有效地提高教师教学效果，还会降低学生的学习效果。针对这一问题，笔者提出了相应的对策。首先，加强对学生技能的训练，让每个学生都能熟练地掌握QQ群操作技能；其次，在使用QQ群平台时，教师要定时发出信息，并在群里组织学生进行讨论和交流；最后，请家长对学生QQ群平台的使用进行监督。

（三）教学活动组织策略

1. 开展协作式探究讨论

教师在对教学中出现的和学生提出的问题进行归纳后，要针对不同类型的学生进行不同类型的分组，并在每一组中选择一名组长。由教师指定一组进行探究，由小组组长负责展开探究活动。在这个过程中，每个学生都要积极主动地探究与讨论，并在交流、合作的基础上，提出自己的意见和想法。同时，教师要密切关注每一组学生的探究行为，并对其进行适时的引导与评价。在课堂交互过程中进行讨论时应该采取问题探究式讨论、话题讨论等形式。

2. 游戏学习法

在开展协作式探究讨论阶段，讨论方式单一容易导致学生在讨论时的注意力不能集中。因此，笔者提出了一种形式更为丰富、新颖的教学方式——游戏学习法。游戏学习法是指教师在进行教学设计时，将学习与游戏相结合，营造轻松愉快的学习氛围。所以，在本课程中，教师可以设计出一系列的游戏，让学生在玩的同时也能从中学到知识，并在活动后进行小组讨论。需要注意的是，游戏与学习内容需紧密结合。

第三节 支架式教学模式

一、支架式教学模式的概念

（一）支架

"支架"这个术语是从1300年开始的，最初的意思是"脚手架"，即人们在修葺时对建筑物提供支持的暂时性的平台、柱子等。建筑完工后，支架被拆掉，仅存的建筑还能矗立。支架作为名词时，中国汉语词典释义为"支持物体用的架子"，而在英语里，这个词是"scaffolding"。支架作为一种隐喻用于教育领域，描述的是教师或更有学问的同伴所给予的帮助，源于1976年伍德、布鲁纳和罗丝的研究。此时，把学生比作一座大楼，学生"学"就是不断自我建构的过程。教师对学生的协助就是为学生的"学"搭建了一个平台。支架能使学生更容易地构建学习情境，达到学习的目的，但单凭个人的努力是不可能达到的；支架能使学生在原来的层次上继续上升，并不断地完成自己的知识架构，逐渐达到学习的目的。但是在学生有能力解决问题的情况下，教师要及时移除"支架"。另外，支架的结构特征是渐进的、动态的，学生的学习能力也是一个动态发展的过程，因此对支架也要作出相应的调整。有关学者认为，教育不但可以跟随发展，而且可以与发展并驾齐驱，还可以领先于发展，使其内部产生新的结构。教育永远不能对学生的智力发展作出负面的反应，而是不断地将学生的智力从一个层次提升到另一个新的层次。并提出"最近发展区"的概念，认为学生的实际发展与潜能的发展程度是有差别的，学生要想进入最近发展区，必须得到较高水准的人的协助，才能到达最近发展区，这里支架的作用，就是协助学生有效地进入最近发展区，与目前的层次建立联结关系，完成由目前的水准到潜在水平的转变，进而达到潜在发展水准。最近发展区就像是学生的疑区，它是学生借助外部的帮助所能达到和解决问题的水平与独自解决问题的水平之间的差异。而这个支架就是根据可疑区域的疑点搭建而成的。换句话说，支架必须牢固地固定在可疑区域，没有固定的支架、没有坚实的地基，哪怕是高楼大厦，也有可能坍塌。因此，在教育学中，"支架"可以被界定为在学生的最近发展区内建立于疑点之上的合理的、正向的、暂时性的干预或介入。

（二）支架式教学

支架式教学又称"鹰架式教学"或"脚手架式教学"，是建构主义三大教学模式之一。但是，人们对其认识大多是基于建构主义的教育理念，在实践应用中也是以建构主义为主导，而忽视了传统的教授式教学方式。这对我国支架教学的可持续发展和推广是不利的。因此，加深对支架式教学的理解，是提高课堂教学质量的一个重要环节。

建构主义的教学方式，应从建构主义的观念与思想入手，尤其要关注教师在教学中的引导和辅助作用。教师在构建支架时，应先了解学生的真实发展程度，深入其最近发展区，将其从实际发展水平逐渐转化为潜在发展水平，使其成为独立的学生，然后逐步收回支架。因此，教师要以最近发展区为介入空间，以疑点为支架，采取多种方法适时、适当地设置支架，逐步取消支架，把研究与探究的任务从教师主导转向学生主导，最终使学生自己解决问题，实现自我建构。

支架教学是指在教学活动中，对支架进行系统、有序的运用，其中包含支架何时建立、如何建立、如何运用、何时撤销支架等一系列问题。笔者认为，支架教学实质上是一种三点式的循环往复的过程。首先，对学生进行测试，找出问题所在，并以此为支架。其次，在构建支架的基础上，帮助学生破解疑点、理解知识，并动态地撤除支架，因此学生的领悟点就是支架的撤销点。虽然支架被拆掉了，但学生的自我学习能力还在，从这个生长点开始，学生自己创造的东西就会被教师检查和阅读，因此生长点就是考查点。最后，学生又会发现新的疑点，周而复始。值得注意的是，支架式教学的这种三点式循环不仅可以在微观上针对某个具体的知识点，也可以在宏观上针对某个学科体系，甚至是整个知识网络，它可以是学生的认知，也可以是学生的情感、元认知等。因此，教师可以从不同的角度构建学习支架，并将其分为不同的类型。在我国，一般将其分为认知、情感、元认知三大类。认知框架是一座连接未知知识的桥梁，它可以帮助学生将新的知识组织起来并融入原来的认知结构中；情感支撑就是把学生的情绪引入学习中，减少学生的厌学情绪，增强他们的学习兴趣，从而使他们的学习效率得到提升；元认知是指"认知与控制"，而元认知支架则是培养学生自我认知、自我调节、自我反思能力的载体。这种划分符合我国新一轮课程改革中的三级课程目标。

二、初中英语课堂支架式教学中存在的问题

（一）以"提问""新知输入""提供句型、词汇图表"为主，其他支架使用得较少

笔者通过对初中英语课堂的观察与记录，发现"提问""新知输入""提供句型、词汇图表"三大类的教学框架在课堂上占据了主要地位，其他类型的教学支架则不多见。在三种不同的教学方式中，"提问"是最常见的。"提问"对于维持课堂互动、检查学生理解程度、确认信息、澄清知识等都是非常重要的。学者还对提问的作用进行了概括，如：

让学生有机会在课堂上进行语言的输出；激发学生的讨论、思考和语言表达能力；让教师了解学生的想法。从这一点可以看出提问支架在教学中的重要性。提供词汇和句型图表，可以帮助学生掌握英语的语法知识。教师通过提供词汇、句型、图表等辅助手段，帮助学生了解语法，有利于学生提高语言运用能力，增强学生的课堂参与感，增加语言输出。从"提问""新知输入""提供句型、词汇图表"等几个方面来看，新的教学模式依然是"提问—学生回答遇到困难—新知输入解决困难—提供词汇、句型进行操练"，尽管其可操作性和效率都很高，但由于过程太过单调，课堂缺乏丰富性和趣味性。

（二）缺乏鼓励性支架

在初中英语课堂上，如果学生回答错误或者不清楚如何回答时，教师经常会用"Thank you, sit down, please."来回应，或者是面向全班学生提问："Who can help him/her?"这不仅让一些性格懦弱的学生失去了学习外语的机会，也让他们失去解决问题的自信。如果学生的答案是对的，教师会给出"Ok, thank you."或重复"Good!""Very good!"的肯定，而不会再鼓励他们去发掘更多的信息。这种鼓励语被运用之后，仅仅停留在鼓励性的层面，而不能使学生对问题进行更深入的研究和思考，从而使其无法发挥支架的作用。

三、支架式教学模式在初中英语教学中的应用

（一）支架式教学模式在初中英语写作教学中的应用

1. 搭建支架

支架搭建分为三大块：内容支架、语言支架和结构支架。

（1）搭建内容支架

第一步，对主题进行解析：教师要和学生一起对文章的类型进行分析，并针对不同类型的文体选择合适的支架。例如，在英语写作课堂中，经过分析，教师和学生确定题型为主动型作文，旨在向周围的人宣传低

碳、绿色的生活方式。在该课程中，学生应尽量收集与环保相关的材料，并与同学进行互动和交流，为今后的写作打下良好的基础。

第二步，对文章的内容进行分析：根据文章的内容，对文章的重点进行分析，同时也是头脑风暴的阶段。教师通过与学生互动，让学生学会怎样落笔、懂得应该怎样写、使用怎样的时态。

（2）搭建语言支架

在对写作内容进行全面分析之后，教师还要从词汇、短语、句式等方面进行指导，并对学生所学到的知识进行启发。而小组协作沟通，可以最大限度地增加学生的词汇量，丰富他们的作文结构，激发他们的创作热情。例如，一篇文章的题目是绿色环保，低碳环保，构建节约型社会，"绿水青山就是金山银山"的可持续发展理念已经深入人心。所以，要让学生多收集环保方面的词汇，如one-off cups、green product、carbon emission reduction等。

（3）搭建结构支架

通过引导学生构建文章的结构性和逻辑性，让他们在写作中找到自己的不足之处，并意识到结构上的衔接，也就是在写作中要经常交替运用句型，这样才能使作文更多样化，更好地满足初中生的英语写作需求。

2. 进入情境

结合实践，巧妙引入。例如，教师可以用PPT展示一些关于环境污染的照片，引导学生关注低碳环保。同时提问："我想大部分的同学都知道，现在的环境污染是一个很严重的问题。我们该怎么做？"学生七嘴八舌地聊了起来，大致能说出几条改善环境污染的基本方法，而能回答"low-carbon"的人寥寥无几，这时教师就得搭起"脚手架"，把"low-carbon"的概念带出来。教师可以在黑板上记录下学生所说的相关单词，以便让学生在写作之前做好准备，并能减少他们在写作过程中的心理压力。教师在教学中首次用"low-carbon"一词来帮助学生初步了解单词的意义。这时，对"低碳"的含义进行阐释，使学生能够更好地了解低碳环保这一词语，并为以后的扩展学习打下坚实的基础。

3. 独立探索

在自主探究阶段，主要目标是培养学生书面表达的能力，并从文章中获得知识。尽管在原有的基础上，学生的认知能力有了很大的提高，但仍然需要教师的帮助。按照语言整体的教学原理，教师要让学生仔细阅读作文的主题和要求。在此基础上，结合"最近发展区"的相关理论，使学生能够正确地书写出相应的关键词，为进一步深入地学习奠定良好的基础。要达到这一课程的教学目标，就必须采取"小步子"的方法，循序渐进地搭建支架。所以，在具体的写作教学中，教师应该采用逐条解释的方式，在原来的大支架上增加一些小型的支架，逐渐地提高学生对信息的掌握和处理能力。

4. 合作学习

支架教学强调"合作学习"在获取知识和建构意义方面的重要作用。合作应贯穿整个写作教学活动中。师生、生生之间的合作，在整合写作信息、评价学习结果、最终建构意义、改善学习效果等方面起着至关重要的作用。

学生之间通过互动，了解教师提问的意图，以更好地了解所学知识的重点及难点。在合作学习中，个体获得信息的能力得到了增强，他们的认知水平得到了发展，他们潜在的发展区逐渐转化为现实发展区。这充分说明了在"最近发展区"进行教学是支架教学的一个重要特征，而最近发展区理论又与支架教学有着密切的联系。

5. 效果评价

学习成效评价主要有个体自我评价、小组评价和教师评价。要提高学生的英语水平，必须对英语教学的影响进行评估。例如，让学生设想自己是一个环保部门的员工，当他们遇到环境问题时，他们将会采取什么措施来处理。从而思考怎样号召大家从日常生活做起，提倡低碳和绿色生活。学生通过分组讨论后进行分组报告，教师对学生进行合理的评价，并给予相应的鼓励。这一阶段是支架教学的最后一步，也是写作的最终环节。本课程的设计不应单纯地重复、强化，而要充分发挥教师的启发作用，增强学生的语言综合应用能力，升华学生的情感、态度，培养学生的价值观。

（二）支架式教学在初中英语阅读教学中的应用

支架式教学包括六个环节：导入、演示、阅读、分组、写作和反思。下面以人教版教材中的句子"Do you like bananas？"为例，对每个教学环节做简要的分析。

1. 导入环节

导入是新课程实施过程中必不可少的一部分。特别是新课的初学者，在引入新课程之前，教师要给学生创造一个贴近生活、激发兴趣的真实情景，既可以激发他们的学习热情，又可以促进他们的学习。所以，教师可以在上课之前用提问的形式来引导学生，例如："Why do you like oranges？""I like apples．""Can you describe your favourite fruit?"在学生讨论和回答时，教师可以在黑板上写下关键词，并指导学生建立有关"fruit"的主题。

2. 演示环节

在导入阶段，学生经过激烈的讨论，初步构建了一个基本的概念架构。接下来，教师可以用PPT向学生演示不同地区的果实，从生根、发芽、开花到结果，让学生真正体会"水果"的活力与实际意义，并通过"What do you think of them?""Can you describe them?""Which do you like best?"这样的问题，帮助学生通过回答问题增强自己的英语表达能力，并学习到一些新的单词。无论在哪个阶段，教师都要循序渐进地引导学生逐步构建出关于"fruit"的完整支架。

3. 阅读环节

阅读环节即搭设语言支架。学生在快速阅读过程中，不需要对生僻字的学习耗费太多的精力，应注重对重点词汇、重要信息的掌握和利用，将其转换成目的语并加以应用，以达到提高综合英语水平的目的。例如，教师可以根据"水果"主题，组织各类与句子、词汇相关的练习，为学生提供一个强化知识的平台，培养他们创造性思考的能力，并使他们的语言知识更加丰富。

4. 分组环节

当学生对新的知识有了全面的了解之后，教师要在课堂上组织教学活动，并让他们围绕主题进行输出练习。阅读是一个对新知识不断加深的过程，而要检验一个人对知识的掌握程度，只能靠写作来实现。为鼓励学生积极参加课堂教学，课堂和课后作业不能太难，教师可以把学生分为不同的小组，让他们根据自己所熟知的内容进行初步的整合。小组活动的主要目标是让学生能够自主地完成学习任务。在此期间，如果学生对生词、语言的使用和把握不准确，教师要提供适当的帮助和支持。

5. 写作环节

作文教学是将学生的知识内化的过程。在完成了对信息的整合之后，教师要让每一个小组的成员都围绕着已经形成的框架进行写作。在完成写作后，教师会适时地对学生进行评价，使他们能够更好地了解自己的优势和不足。为了促进学生的共同进步，教师也可以让学生相互评阅，这样既能使他们更好地理解新学的知识和文章的结构，又可以使其利用自身的优势，积极地学习他人的长处，从而有效地提升自己的综合语言能力。在独立完成写作的同时，学生也可以感受到教师和同学对自己的支持与帮助。

6. 教学反思与总结

无论是在课堂上搭建的框架，还是在教学中运用英语的支架，都有很大的作用，可以让学生充分发挥自己的阅读、探索、协作的能力，从而激发学生的英语学习兴趣。

（1）在最近发展区中，按照教学条件建立支架

阅读教学目标、任务、方法、课堂活动组织等应依据学生所掌握的知识、技能水平和身体发展的规律而设计。在教学之前，教师不但要备教法和备教材，还要对学生的知识和能力有一个全面的认识，为课堂教学提供一个合理的条件。为了更好地达到教学目的，教师要按照教学条件构建丰富、多样的支架来促进学生在最近发展区中的动态发展。

（2）支架的建立要遵循逐步、多样化的原则

学生的最近发展区呈现动态的发展和变化趋势，所以在教学过程中，教

师一定要根据学生的学习水平来设置各种不同的支架。在阅读之前，教师的首要工作就是让学生快速地进入学习状态；在阅读过程中，教师要让学生真正地学会如何把知识整合起来，从而提高对整篇文章的认知能力。这两个阶段的教学工作都很繁重，所以在教学过程中，教师所构建的支架形式也必须多种多样，如情境型、问题型、策略型。学生要以支架为基础，内化知识，增强各方面的能力。如果学生能自己解决问题，那么教师就要把这个支架拆除。因此，在阅读后阶段，教师不再扮演"导师"的角色，而仅仅依靠同伴支架、反馈支架等手段来培养学生的自主性、协作性和探索性。

（3）在新的课程标准下，阅读教学应遵循新的教学目标

新课标中明确指出，初中英语阅读既要让学生对字里行间的含义有深刻的理解，对全文进行总体把握，同时也要让学生在一定程度上对语言知识进行分析、判断、理解、创造和表达，以全面提升学生的语言运用能力。大量的实践研究证明，积极主动的、合作的、探究的学习气氛，不但有助于学生的自我评估与反思，更有助于他们自主性和终身学习意识的养成。在英语阅读教学中应用支架式教学是符合新课程标准中"以学生为中心"的教学思想。

第四节 任务型教学模式

一、任务型教学模式的概念

任务型教学法又称任务型语言教学法，是20世纪80年代以来，国内外学者和二语学生对其进行了大量的研究，形成的一种具有深远影响的语言教学理论与方法，它也是交际教学法的一种发展形态。在20世纪80年代，任务型教学被引入我国，并在英语教学中得到了快速发展。为此，许多教育家、专家、教师都在积极探索新的教学方式。任务式教学作为当前中国外语教学发展的一个重要方向。任务教学方法中包含了可理解输入和互动

假说。任务型教学理论与社会建构理论有机地结合起来，形成了任务式教学模式。

当前，国内外对任务型教学的理解比较一致，认为其是以特定的学习任务为载体、以完成任务为驱动、将知识与技能相结合的教学模式。通过听、说、读、写等活动，让学生在使用所学语言的同时，不断地发展和提高自己的能力。简而言之，就是为用而学、在用中学、学了就用。

本研究的可操作性是指以任务为导向，向学生提供一种能够使其专注于实现目的或任务的教材，也就是将基本的语言应用思想转变为实用教学方法，更加注重"做中学"的教学方法。任务式教学是一种学习方法，它为学生的学习和解决问题提供了一种任务寻求发展路径。任务型教学是把特定的学习任务作为学习的动力，把任务的完成作为一个学习的过程，通过显示任务的结果来表现教学成效。因此，在教学过程中，教师可以根据教学内容来安排不同的教学任务，使学生能够在学习中获得经验。

二、任务型教学模式的特点

任务型教学是一种以学生为中心、以培养学生综合语言应用能力为核心的教学思想。它针对学生的不同层次，设计了不同的作业，使学生通过学习、伙伴合作去完成作业。学生在进行自我反思、顿悟、自省的过程中，能够充分激发其内在动力，使其发现问题和解决问题的能力得到提高，进而提升其认知水平，增强其协作意识和参与感，并让他们在完成工作的过程中体会到胜利的快乐。任务型教学的主要特征包含以下几个方面。

（一）重视语言的综合运用

任务型教学注重过程，力求使学生在实践中真正地参与学习。把语法和语言的精确度放在首位，以提高英语的流畅度为优先目标，使其具备全面应用英语的能力。

（二）提倡开放的参与性学习方式

任务型教学的目标是让学生参与教学，师生一起学习，学生在寻求答案的过程中融入他们所学的知识。

（三）教师角色的转变

在实施任务型教学中，教师要调节自己的心态，使新的知识与旧的知识结合起来，形成一个对自己有意义的知识体系，协助学生建构意义、组织内容、获取知识并寻求协助。在这一过程中，教师的角色从计划者、组织者转变为指导者和协助者。

（四）评价方式与内容的灵活性

师生都有一个共同的奋斗目标，并且这一目标很清楚、很具体，对学生的语言实践能力的考查，并不局限于对词汇的记忆。教师在课堂上根据学生在课堂上完成的各种作业来评价他们对所学知识的掌握情况和学习效果，同时让学生也参与评价。

三、任务型教学模式在初中英语教学中的应用

任务型教学法注重营造一个真实的语言学习环境，旨在提高学生的语言综合应用能力，并通过目标语来进行真实的交流。尽管这种新的教学方法也是由以前的教学方法发展而来，但是它比以前的方法更有实际的意义。这就要求教师不但要熟悉有关的理论，更要在思想上进行角色转换，不但要掌握扎实的基础知识，还要掌握灵活的教学策略和教学技巧。

（一）注重教师主导及学生主体地位

在任务型教学中，教学是一种有目的、有组织、有计划地进行学科知识和技能传授的过程，它包括教师和学生的学习，教师是课程的组织者与设计者，是课堂的领导者，而学生是整个教学过程的主要参与者，同时也是英语教学实施的主体。教师的主要目的是通过情景模拟的方式来进行口语和词汇的训练，在情景中传授新的单词和句型，帮助学生理解、掌握和运用新的英语知识，从而达到教学目的。

（二）贴近现实生活，设计教学任务

英语作为一门语言类学科不同于其他课程的学习，其教学方法又有

其自身的特点，这就需要初中英语教师在指导学生掌握相关语言知识的同时，还要注意拓展学生的语言技能和语言应用能力，所以英语教师应该在教学设计中安排适当的教学环境，采取情景教学的新模式进行英语教学，使学生置身于一个与生活息息相关的环境之中，从而激发他们的学习积极性和主动性，使学生产生语感。这种贴近学生实际生活的教学情境设计能在很大程度上培养学生的语言运用技能，让学生真正做到学以致用，摆脱传统讲授式教学模式带来的弊端，同时能切实提高英语课堂教学的效率，为高效完成教学任务创造良好的条件。

（三）营造轻松、愉快的教学氛围

良好的课堂气氛对教师的教学和学生的学习都有很大的促进作用，可以有效地激发学生的学习动力，提高他们的自我形象。在初中英语教学中，师生要共同努力，营造轻松、愉快的教学氛围，对初中英语教师来说，要坚持客观、公平的教学态度，对每一位学生都要做到公平、友善，尊重每个学生的个性，充分认识到每位学生的不同，给予他们不同的激励，使他们看到自己在学习中的问题和潜能，并给予他们一定的奖励和赞扬，以此来提高他们的自信心，激发他们学习的动力，创造一种积极健康的课堂环境。

（四）通过合作学习培养中学生的合作精神

目前，在初中英语任务教学中，比较有效的一种学习方式是合作学习，即在教师的指导下，根据不同的教学要求，设计适合学生的英语作业，使每个人都能充分利用自己的学习能力，从而达到英语教学的目的。显然，这种优势互补的学习模式可以让学生互相学习、借鉴、交流，促进学生学习和思考，激发他们学习的积极性。在初中英语课堂上，教师可以利用小组合作学习、班级合作学习等多种合作学习方法，充分发挥学生的交际潜能，创造师生互动学习、同步提升的学习环境，充分发挥英语教学的优势，在英语课程教学中培养学生的合作精神。

第四章　初中英语教学思考

第一节　初中英语教学要素与特点

一、初中英语教学要素

在初中英语教学中，教师、学生、教学内容、教学媒体构成了英语教学的基本要素，这些要素互相影响，决定着初中英语教学的成效。

（一）教师

英语教师在英语教学中起着举足轻重的作用，是英语教学的设计者、组织者、测试评估者和纠错优化者。英语教师在初中英语教学中的角色应得到充分的体现。

首先，在初中英语教学中，教师课堂教学的整体设计直接影响教学的成效。在初中英语课程标准的指导下，教师要以所使用的英语教材为依托，以学生的整体基础和学习状态为平台，营造积极、和谐的教学环境，在英语教学资源、教学方法、实际教学环境等方面，充分发挥初中英语教学的作用。教师应正确设置教学目标、重点难点、教法与学法、练习与测试，合理安排教学时间，力求在教学实践中取得良好的教学效果。

其次，在初中英语教学中，教师合理地组织英语教学显得尤为重要。在教学过程中，教师要根据学生的知识水平、性格、性别等，将其分成不同的组，并给各小组成员编号。在课堂教学中，教师会根据小组成员的特点，安排他们进行协作和探索。

英语课堂的教学活动主要表现为一系列英语听、说、读、写技能的交替练习。教学过程要以创设情境、激发学生的兴趣、即兴展示、归纳提炼、探讨和反思、强化巩固、迁移应用等为基本环节。教师应针对各环节的特点，积极营造活跃的课堂氛围，把握教材内容与实际生活的关系，力求让学生从知识的获得向能力的提高过渡，从消极的接受向积极的创造转变，从消极的强迫、忍耐、烦躁、痛苦向积极的自觉、自由、渴望、喜悦转变。在教学过程中，教师要对学习内容、学习过程和学习结果做出有意义的评价。

在初中英语课堂教学过程中，教师要全程监控、督促、疏导和引导学生学习。新知识的学习具有极大的挑战，当遇到困难时，学生难免会产生畏惧、逃避、急躁甚至放弃、叛逆等心理，从而影响学习的成效。在此背景下，教师应及时调整教学内容、难度、知识的梯度，以保证教学的顺利开展。

教师要经常留意自己的教学态度与情绪，对学习困难或心浮气躁的学生要有耐心，耐心地指点、开导、提醒、鼓励；对于思维能力强、学习成绩好、态度积极、精神集中的同学，要适时地加以表扬，使榜样作用发挥到极致，使其在同学中起到表率和引领作用；对那些偶尔捣蛋、有对抗情绪的同学，要好言相劝，下课后要进行个别教育。教师应力求做到教学态度和蔼、平易温和，使课堂氛围和谐、愉快，教学成效显著。

最后，在初中英语教学中，教师要对教学活动进行全面的评估和反思，并对其进行必要的纠正和优化，以促进教学质量的进一步提高和发展。在课堂教学中，教师要时刻注意课堂教学的各个环节，要有清晰的评估意识。教师应对教学目标的设置、教学环节的完善、内容的丰富、进度的顺利、教学重点和难点的突破、教学方法的得当等方面进行评估和思考，要对课堂上学生的反应和表现是否体现了自主性、合作性和探索性，以及教学各环节的时间分配是否合理、学生的整体态度是否积极、下一节课要注意的问题等几个方面进行评估和思考。

总之，教师在初中英语教学中起着举足轻重的作用，新课标不仅没有淡化教师的角色，反而对教师的教学能力提出了更高的要求。教师应该从高高的台阶上走下来，从滔滔不绝的讲解与灌输中解脱出来，最大限度地发挥教师设计教学、组织教学、督导评估教学、矫正教学行为等多种作用，从而使教学活动更加富有生机。

（二）学生

1. 在教学中充分发掘学生的主体作用

学生的主体性是指在课堂上以学生为主体的学习活动，他们可以主动发挥自身的潜能。教学应以学生为中心，教师、教材和教学方式都要为学生服务。在教学中，教师要以学生为主体，学生的主体性是促进学习的内在因素，而知识的增长、智力的发展及情感意志的形成，必须依靠学生自身的实践活动来实现。

初中生英语教学的第一要务是"学"，而非"教"。有效的语言教学不能违反自然规律，而要适应自然过程；不能妨碍学习，而要有助于学习并促进学习；不能使学生适应教师与教材，而要使教师与课本相适应。在初中英语教学中，要培养学生的主动性思维，采取"交流—互动"的教学方式，通过学生自主学习、小组讨论和交流的方式，使学生主动发现问题、研究问题、探索知识，培养学生的思维能力、分析问题和解决问题的能力。

2. 教学效果应以学生的学习效果为依据

英语课程与其他基础课程不同，是一种实践性的课程，学生的语言能力要靠学生自身的实际操作来不断地训练和提升。英语教学效果必须以学生的学习效果为基础，而学生的学习效果则主要依赖学生的主体性、参与性。认知理论认为，英语的学习是一个新旧知识不断融合、语言技能由理论到实际运用的过程，而这些过程都是由学生自己的实践来完成的。因此，在初中英语教学中，教师一定要重视学生的主体性，从而提高学生的学习效果和英语教学效果。

3. 教学离不开学生的主体作用

现代教育也是教师和学生共同参与的一种认知过程。这个过程是通过学生的大脑起作用的。作为初中英语教学的主体，学生具有信息接收和传递信息两方面的作用。教师和学生在课堂上进行了大量的信息交互和反馈，教师应以科学方式代替随机参与，通过从学生的反馈中获取信息，对教学过程进行调控，从而更好地发挥学生的主体作用。

4. 学生主体作用的发挥影响教学评价

在评价教学成效时，不仅要看教师的讲授是否生动、熟练，更要注意学生的主体性是否能够得到充分发挥、学生的主观能动性是否能够被激发、学生的实际应用能力是否得到了提高、学习方式是否正确、是否养成良好的习惯、是否能够充分开发学生的智力。

实践表明，如果没有教师的主动参与，那么师生之间就无法进行互动、无法进行信息的反馈和沟通，而学生所能做的就是死记硬背、机械地照搬。最终，他们就会像瓶子里的"跳蚤"一样，永远也飞不起来。学生的主体性没有得到充分的体现，这就导致初中英语教学难以快速发展，而改变教师的教学理念已成为当前教育改革的重点。

教师的主导性和学生的主体性是相互联系、相互统一的。英语课堂教学是师生互动的过程，是教师组织、引导、学生主动参与的过程。以学生为中心，是整个教学过程的起点。在组织课堂教学中，必须充分发挥教师的领导作用，并使学生的主体性得到真正的体现。

（三）教学内容

在初中英语教学内容、教学目标和教学重点的设置上，教师要根据《义务教育英语课程标准》的要求，立足学生现有的知识层次，运用交际教学的方法进行教学。英语教师要根据学生的年龄特征，充分运用创设情景和其他各种教学方法，通过多媒体形象地向学生展示所教的知识，把传统的教学媒介与现代的媒介结合起来，增强学生的视觉感受，激发学生的学习热情和好奇心，使学生的主体作用得到充分的发挥，英语教学的本质是"语言交流"，是师生之间的交流，而非"我教你学"。初中英语教学正是在这种交流活动中培养学生英语应用能力的过程。在教学实践中，教师和学生的认知行为是互相影响的。只有在教师的正确理解下，学生对英语的理解才能取得进步；教师对教学规律的认识离不开学生在教师指导下学习的客观效应。英语教学的目的在于培养学生的语言表达能力，教师要重视交际策略的运用，在课堂上营造良好的交流氛围，同时尽可能地创设虚拟真实情景，进行虚拟真实交际。

（四）教学媒体

英语既是一种语言，也是一种沟通的手段。在初中英语教学中，教师要根据英语的学科特性，科学地选用教学媒介，合理地设计教学环节，优化教学方法，整合教学资源，提高教学的趣味性、互动性和有效性，促进英语教学的改革，提高学生的英语应用能力和问题处理能力。

第一，随着科学技术的飞速发展，多媒体技术在课堂上的运用日益广泛。在初中英语教学中，适时、适当地运用多媒体技术，既是新英语课程改革的要求，也是素质教育的必然要求，科学地开发和选用教学媒体，能极大地提高学生学习英语的积极性，使其信息素养和整体水平得到进一步的提高，从而改善课堂教学质量。

第二，多媒体技术是将文字、图形、图像、视频、动画、声音等各种载体进行整合，并由电脑进行综合处理和控制的电子信息技术。在现代信息技术带来新的交流机制和丰富的资源条件下，适当地利用多媒体进行辅助教学，优化教学流程，可以使教师的教学模式发生变化，使学生的学习模式发生变化，从而极大地改善教育教学的质量，使学生的整体素质得到全面的提高。把多媒体技术应用于教学的所有方面，如班级授课、小组学习、自主学习，多媒体技术既是学习的对象，又是学习的手段。通过多媒体的手段，使学生能够更好地掌握知识，进而提高其创造力和学习能力。

第三，21世纪，信息技术的发展和互联网的出现，促进了知识的丰富发展。然而，在英语课堂教学中，传统的多媒体技术运用还存在很多误区，例如：计算机"一用到底"；课件制作过于注重视觉效果，使学生分心；教师与学生之间的沟通不顺畅；课件制作简单，无法充分发挥多媒体教学的优越性。这种现象在一定程度上忽略了学生的信息技术水平，限制了学生的全面发展。在英语教学中，教师要善于利用现代科技手段，合理地进行多媒体课件的开发与选用，并精心设计富有趣味的教学软件，以生动的形式展示情感素材，激发学生的学习积极性；利用丰富的教学资料调动学生学习的积极性；现代信息科技的形象化和多元化，可以弥补多媒体技术与传统教学模式的缺陷，唤醒学生的英语学习意识，充分发挥多媒体教学的优越性，从而有效提升学生的信息素养，实现初中英语教学目标与信息技术教育目标的有机统一。

第四，《义务教育英语课程标准》认为，随着计算机技术的不断发展，英语教育的价值、目标、内容、教学方法的应用等受到很大的影响，因此英语课程的设计和实验必须注重现代信息技术的应用，尤其要考虑计算机对英语学习内容和教学方法的影响。我们要从"满堂灌"的教学模式逐渐转变为以学生为主体的教学模式，从教师对学生的单向传递转变为师生、生生多向互动的教学模式。在实施新课标时，通过运用多媒体技术，将具体、形象、声画并茂的视听材料呈现给学生，充分激发学生的兴趣，让英语课堂生动活泼、充满生机。在英语教学中，教师在进行教学评估时，不仅要注重学生的学习效果，还要注重学生的学习过程；不仅要重视学生的英语学习，还要注意他们在英语教学中所表达的情绪和态度，以加强他们对自己的认知和自信。

第五，在英语教学中，要充分利用多媒体技术，并在英语教学中进行应用。在英语课的开始阶段，教师要善于利用多媒体手段，精心地设计出学生喜爱的、生动的、有趣的课件，如一个故事、一个问题、一段录像、一段音乐、一幅图画、一次游戏、一个实验等，旨在激发学生的学习兴趣和学习动力，使学生的求知欲得到充分的激发。只有学生在心中有了"我要学"的渴望，他们所创造的情境才算是真正的成功。利用多媒体技术进行初中英语课堂教学，能极大地激发学生的学习热情和主动性。学生按照英语课件的教学情景自主思考，以小组合作的方式对教师和学生所提出的英语问题进行探讨。教师要鼓励全体同学参与讨论，让学生有机会去探索、体验、参与学习，积极主动地获取知识。

在课堂上，学生自我评价、伙伴互评和教师评价是教学评价的重要手段。学生自我评估的内容是"说说我自己"，伙伴互评的内容是"大家评我"，教师评价的内容是"教师眼中的我"，这样既能极大地提高学生的思考能力，又能起到激励学生和保护学生自尊、提升学生自信心的作用。

第六，利用现代信息技术，让学生将所学到的新知识运用于实际生活中的各类特定问题，强化对新知识的巩固与应用。教师可以通过班级达标来检验学生的学业目标，并及时纠正其中的不足和错误；同时，教师也可以通过英语的基本思维模式，对现实社会进行观察和分析，并解决日常生活和其他方面的问题，了解英语与自然、人类社会之间的紧密关系。

在这一阶段，教师可以让学生对学习的基本知识、基本能力进行评估，使学生能够在合作学习、交流学习、探索学习中找到问题并加以解决。比如，探讨是否充分发现问题，是否有效、彻底、简洁地解决问题，是否实现解决办法的效果和实用价值等，让学生在评价中得到提高。

21世纪培养的人才应当是创新型人才。培养大学生的创造性思维，既是新世纪科技发展的一种新需求，也是教育自身的必然要求。初中英语教学是提高学生综合素质、培养学生创造性思维的一种有效手段，培养学生的综合素质和创造精神，既要通过知识的积累，又要从获取知识的过程中提高学生的英语素养和创造力。

二、初中英语教学的特点

初中英语作为一门非母语教学学科，课堂教学除具有一些与其他学科相同的特点外，还具有其独特性。

（一）教师需要充分调动学生"重复"学习的热情

首先，在初中英语教科书中，单元模块的设定需要教师在教学过程中不断"重复"。尽管在具体的内容和难度上存在差异，但是相似的主题模块设置需要英语教师充分调动各种积极因素，并利用多种教学方法来激发学生反复学习的积极性。

其次，教师在语言学习中要坚持"重复"，这是语言学习的基本规律。在英语教学中，教师要尽量使用多种语言进行多次练习，以便在实践中让学生认识其基本的结构和组合形式，提高对所学知识的认识，减少失忆率。

（二）教师的课堂教学受到学生语言能力的限制

英语不仅是教学的工具，更是教学的目的。初中英语的教学目标是培养学生运用语言的能力，即听、说、读、写的能力。相比于其他学科，英语教师所使用的语言课堂用语不仅受到学生英语水平的限制，同时学生因其语言能力的限制，也不能充分地表达自己的观点。这是教师在当前初中英语课堂上需要重视的现实性问题。

第二节　关于初中英语教师的思考

初中英语课堂教学是课改的核心，因此英语教师应从根本上改变传统的课堂教学方式，使课堂更加丰富多彩，获得广大师生的认同，使新课改的精华在课堂上得以体现。大部分的英语教师只知道英语课堂的生成、三维目标等概念，但是对于这种观念和教学方式的理解往往不够系统、不够深入，同时也会形成一些传统的教学思路。因此，在新课改的要求下，初中英语教师必须对英语教学有一个全新的、系统的认识，从而为今后的教学工作提供有益的借鉴。

一、强调学生的个体发展是英语课程的出发点和归宿

英语教学的目的、学习方法和评价方法都体现了以人为本、以全体学生的全面发展为核心的教学思想。在教学过程中，教师要根据学生的生理、心理特点，遵循语言学习的规律，努力适应不同类型、不同水平学生的需求，使他们的身体和精神都能得到充分的发展，从而使他们的英语素养都得到应有的提高。在初中英语教学中，初中英语教师应该从以下几点进行思考。

（1）鼓励学生运用英语，对学生的失误和错误持容忍态度。

（2）让学生进行自主学习与沟通，让他们有充分的发挥与发展空间。

（3）通过体验、实践、讨论、合作探究等方法培养学生的语言综合表达能力。

（4）尽可能创造条件，让学生探究他们自己感兴趣的问题并自主解决问题。

二、营造创新氛围，培养学生的探究能力和创新思维能力

当前，我国教育改革的主题是强化素质教育，注重创新意识和动手能力的培养，而课堂教学又是培养学生的主战场。因此，如何改变教学理念、破旧立新，培养一批有扎实基础、有开拓精神的高质量人才，是初中英语教师必须认真思考的问题。在英语教学中，每个环节都应该设置不同的信息差，层层递进。教师要设计讨论题目，让学生进行讨论、争论和辩论，使学生能够主动地使用语言素材来组织新的语言，同时培养学生在同一信息中寻找不同答案的能力。当学生对这种讨论主题感兴趣的时候，他们就会克服困难，并积极地去学习。在英语教学中，教师要抓住机会，为学生创造良好的学习环境，加强语言信息的刺激，营造富有创意的课堂氛围。

素质教育是21世纪培养人才的教育，学生需要用科学的方式获得知识、提高能力，而正确的学习方式可以激发学生的潜能。在教学中，学生的学习是以学生为主体的，教师要注意培养学生的自主学习能力，通过学习，使学生掌握知识、培养创新意识、提高创新能力。在课堂教学中，教师应注意如何设计具有创意、独特、能引起学生共鸣的问题，使学生能够自主思考，然后进行小组讨论；还可以利用所教授的知识，让学生自由发散思维，编写新的内容。通过这种方式，学生可以互相启发、互相交流，在创造性思维的作用下，灵活地使用语言知识。在这个过程中，学生的创新实践能力将得到切实的提升。

三、以培养学生综合语言运用能力为目的，倡导合作学习

现代社会的发展，需要社会中的每一位成员都要学会相互协作。英语的学习是一个语言习得的过程，学生在特定的环境下，通过完成特定的任务来进行语言交际，进而提高其语言应用能力。在初中英语教学设计过程中，必须加强学生之间的沟通和协作。

新课程要顺应教学形势发展的需要，要求学生转变学习方法，学会与别人协作。我们可以将班级分为几个小组，要求每一位同学都要为自己的团队取得成功而奋斗，大家都要认真地准备、出谋划策，以此来提高自己的集体荣誉感和责任感。学生通过交流信息、分享成果、参与竞赛，不但能提高自身技能，而且还能提高其团队合作精神。对于学习困难的学生，教师也要让他们在集体活动中发挥重要作用，并且鼓励他们提出自己的想法，从而极大地提高学生的自尊心，改善他们的厌学心理。

四、加强对学生学习策略的指导，为其终身学习奠定坚实的基础

在初中英语教学中，要培养学生良好的学习习惯，形成有效的学习策略，这就需要教师在英语教学的同时，不断提高自己的学习能力。因此，初中英语教师在英语教学中应考虑以下问题。

（1）主动为学生提供制订阶段性学习目标和实现目标的方法。

（2）引导学生结合上下文，运用推理、参考、提问等方式进行学习。

（3）通过设计探索性教学模式，培养学生的动手能力及创造性思维。

（4）指导学生在学习过程中进行自我评估，并根据实际情况对自己的学习目标和策略进行适当的调整。

五、新课程的改革对教师的职业道德提出了更高的要求

教师人格超越了教师一般职业道德的范畴，不仅包含师德，还包含世界观、人生观、价值观、政治立场、法律观念、学识等内容，同时将社会上普遍存在的优良品格、思想、情操、才学、气质等集于一身，在教书育人中充分展现出来。教师应具有良好的言谈举止和热情、开朗、豁达的性格；永远保持良好的心态，即一种积极的、向上的、乐观的、发展的精神状态。在这样的人格魅力中，教师会逐渐地对学生产生影响，感化学生，对他们产生终身的影响。古人说："经师易得，人师难求。"（《资治通鉴》）教师用自己的人格魅力来塑造学生的个性，用自己的德、才、情给学生终身受益的有形知识（书本上学到的）和无形知识（品德的修养），为社会培养高素质、有道德、有文化、有修养、诚实守信的能适应社会发展的人。初中英语教师要从自己的学习和生活的角度出发，做学生生活、学习上的榜样。

六、不断更新知识结构，满足现代社会发展对英语教学的要求

随着时代的发展、科技的进步，语言的发展也在发生变化，初中英语教师要敢于创新，努力学习，善于总结和吸收新的教学经验，不断地更新自己的专业知识，提高自己的专业技能和教学水平，以满足当今社会发展对英语教学的要求。因此，在中学英语教学中，教师应做到以下几个方面。

第一，掌握课程标准的理念、目标、内容，并应用教育学、心理学等相关理论，对语言教学规律进行深入的探讨，并结合学生的心理特点和现实条件，对初中英语教学策略进行合理的选择和调整。

第二，灵活地使用多种教学手段和方法，培养学生在课堂上的控制与组织能力。

第三，自觉地提高中外文化修养，扩宽自己的知识面。

第四，根据教学目标、学生的需要和当地的客观情况，积极而富有创造性地探讨教学方法。

第五，持续地反省自己的教学行为，培养学生的创造性思维。

总之，英语教师要具备终身学习的自觉性，要不断地改变教学理念，积极主动地跟上时代的步伐，以适应新课程标准对教师的要求，提高自己在教学中的调控能力、组织能力、对教学活动的思考能力、现代教学技术的灵活应用能力，使自己成为一名富有创造性的研究型教师。

第三节　关于初中学生的思考

一、初中生的学习特点

初中生处在青少年时期，个性逐步成型，身心发展快速，但发展不均衡。初中生处在过渡时期，他们有时会变得很成熟，有时很天真，有时很独立，有时又具有依赖性，他们的内心也很复杂。受智力、性格、环境等多种因素的制约，初中生的学业成绩也呈现出如下特征。

（一）初中学生的认知和观察力较小学生强

初中生具有较强的好奇心和探究意识，在一定程度上可以独立地进行各种学习。他们爱好广泛、思想活跃、敏感，不像成人那样拘谨。他们具有很强的独特性和创造性，他们热衷于创新，不管是在学习上还是在日常生活中，都具有很强的创造力。

（二）初中学生的求知欲很强

初中生往往对课外知识很感兴趣，如漫画、科幻、流行音乐、体育和互联网等，这些都会引起他们的注意；对足球、明星或者其他事物的着迷也是其显著特点。不管怎么说，身边的一切都会引起他们的注意，课堂上的学习只是他们关注的一部分。如果学生的兴趣范围过于宽泛，将会使学生的学习能力从根本上转移，从而影响学生的认知能力。初中阶段是学生身体和心理发育的一个重要阶段，因此在教学过程中，教师必须对学生进行课堂教学和教学活动的指导。

（三）初中生的学习兴趣具有表面性和短暂性

经调查发现，一些初中生很享受英语学习，这是由于他们很喜欢在英语教室里玩游戏、看电影、听音乐等，他们觉得英语课要比其他科目更有意思。

二、初中生英语学习动机的培养

学习动机是初中生英语学习的一个重要因素，它决定着学生对学习的参与度，强烈的学习动机对学习效果具有积极的影响。学习动力不足的学生无法充分参与学习，而有较高学习动力的学生在完成学习任务时能够不断取得进步，且学习成效比较好。

（一）影响初中学生英语学习动机的因素

1. 内在因素

影响英语学习的内在因素主要有学生自身的心理素质、初中英语教学目标及学生的自我认识。

学生的内在精神品质包括个性特征、认知方式、个体差异等，这些都是影响英语学习的主要原因。以初中英语为例，内向型的学生能更好地掌握初中英语知识，而外向型的学生则能更好地进行跨文化交流。在当今世界，英语作为一种交流的手段，其教学方式也从简单的传授逐渐转变为语言能力的运用。学生应该把听、说、读、写等技能的提升作为自己的学习目的。

2. 外在因素

外在因素主要包括校园环境、家庭环境等。校园环境包括图书馆、教室等建筑设备和教学环境。在社会化发展过程中，家庭环境常常被视为最具影响力的因素。

（二）初中生英语学习动机的激发和培养

1. 培养学生对英语学习的兴趣

爱因斯坦曾说过："兴趣是最好的老师。"当一个人对学习有了浓厚的兴趣时，他就会想要获取更多的信息，并且带着愉悦的心情去学习。教师应加强学生对英语知识的社会价值和重要性的了解，增强学生对英语的学习兴趣。随着社会的发展，各国人民之间的交往越来越密切，英语已经成为一门通用语言，因此英语学习就显得尤为必要。在教学过程中，教师也可以采用生动有趣的教学方法，如采用多媒体课件、幻灯片等教学方式进行教学。此外，还可以安排学生参与课外的实习及主题团体，如鼓励学生参与英语演说大赛、参与英语角练习、多看英文电影、多听英文歌曲等，使英语学习成为一种乐趣，同时也能让学生更好地、更自觉地学习英语。

2. 开展启发式教学，激发学生的求知欲

与常规的灌输法相比，启发式教学具有明显的优势。在进行启发式教学的过程中，教师要创造出一个合适的问题情景。思考源于怀疑，"疑"是启发学生学习的关键所在，而"疑""问""想""答"是学习的重要环节。启发式教学的问题创设要少而明确，要有新意，要富有启迪意义。

3. 及时反馈学习结果以促进更好的学习

反馈是一种激励方式。在反馈的过程中，学生能够及时地掌握自己的学业成绩，对提高教学质量能起到很好的促进作用。学生了解自身的学习情况，能够有效激发其学习积极性，增加学习动力，了解自身的不足和过失，并能够及时地纠正，积极地吸取教训，获取更多的经验。教师不能仅仅告诉学生学习的成果，而要指明其对与错，并对其进行深入的剖析和纠正，同时也要加强学生的自我反馈能力，让学生学习如何进行自律。

4. 营造轻松愉快的学习氛围，奖惩适当

轻松、融洽的教室氛围可以有效地调动学生的积极性。通过营造良好的教学氛围，可以缓解学生的心理压力，也能缓解学生的焦虑情绪，同时教师也会对他们进行恰当的激励与扶持，从而树立他们的自尊心，提高他们的自我学习意识。奖励具有促进的力量，当学生取得进步时，教师应对学生进行奖励，奖励便成为学生进步的标志，学生从中获得自己进步的信息，会增强自我效能感。当学生不努力学习时，可采用惩罚的措施，向学生施加压力，是激励的另一种作用。

5. 竞争与合作并存

没有压力就没有动力。竞赛可以激起学生的学习热情，使课堂氛围更加活跃，也更有利于调动学生的学习兴趣。教师可以根据学生的情况，选择一种竞争的方法，让不同的学生在竞争中都有获胜的机会。比如，教师可以根据学生的学习水平来安排小组比赛，或者让他们自己参加比赛。采用团体比赛的形式，能最大限度地激发学生学习英语的兴趣，促进学生之间的相互合作。

第五章　初中英语教学实践

第一节　初中英语词汇教学实践

一、英语词汇教学的现状和意义

在英语课堂上，经常会出现这样的情况：词汇的学习效果很差，学生很难把所学的单词背下来，就算能背下来，可到了语境之中却依然不知其意。随着时间的推移，单词成为很多学生学习英语的"拦路虎"。究其原因，是教师在教学方面存在这些问题：英语教师的词汇量积累不平衡、主次不一；孤立地解释词语，创造无语言环境；注重词语的表象而忽视了其文化内涵；只顾着教单词而忽视了循环的强化。针对上述问题，英语词汇教学的目标是积累英语学习者的英语词汇量，使其能够利用拼读规则、构词法、话题分类、联想等方法来记单词，并能够根据特定的语境来理解、推测、判断词义、使用词义，并正确地使用单词来进行语言表达。在英语教学中，词汇学习是培养学生基本外语技能、培养学生基本素质的必要前提。在初中英语教学中，学生的词汇运用能力将会对学生的语言知识和语言能力产生重要的影响，这与他们对英语学习的兴趣、信心和能力有很大的关系。在初中英语教学过程中，如何提高学生的词汇学习水平是一个非常关键的问题。加强学生对英语词汇的学习与掌握，是促进学生深化掌握词汇的有效途径。

二、初中英语词汇教学的基本原则

初中英语词汇教学是一门科学，它具有基本的教学原则。在英语词汇教学过程中，教师的词汇教学策略往往不能只靠一种或多种方式来进行。通过多年的实践，笔者认为初中英语词汇教学可以归为以下几个原则。

（一）直观性原则

在英语词汇教学中，通过直观的物理现象，让学生直观地感受所学知识，使学生得到感性认识。学生通过具体的实物将抽象的观念具象化、具体化，从而降低词汇的难度，提高其学习的积极性。视觉化的学习能够促进学生观察能力、自主思考能力的提升，并能更好地加强记忆和了解所学的内容。

（二）主体性原则

在英语教学过程中，教师要承认、重视并坚持以"学生为中心"，强调学生在英语教学实践和认识活动中的地位和作用。在英语词汇教学中，学生词汇学习能力的形成，其自身的努力是内因，而教师的传授则是外因。在提高英语词汇教学质量的同时，必须遵循以"学生为中心"的主体性原则。这就要求教师在英语词汇教学中，要充分调动学生的积极性，使其了解词汇的重要意义，产生积极的学习动机，培养其自信心，增强其抵抗挫折的能力；指导他们探索学习的有效途径，运用科学的记忆方式，拓展词汇学习的途径和方式，逐渐培养学生的学习自主性，提高他们的词汇学习效果，为英语学习打下坚实的基础。

（三）实践性原则

当代英语教学提倡在语境中接触、感受、理解和掌握语言，并在此基础上学习和使用英语。研究结果表明，在英语教学过程中，学生的词汇学习能力是在英语教学过程中逐渐发展和提高的。所以，我们应该进行专门的英语词汇教学，把单词学习与听、说、读、写、译等技能相结合，在课堂上根据不同学生的学习情况进行针对性的教育，寻找合适的英语教学方式和手段，充分利用每一次学习的时机，使学生能够充分地利用所掌握的语言进行实际的语言交际，从而达到提高学习效率的目的。在教师的指导和协助下，学生能够主动地参加课堂教学，并在教师的指导下，发现英语中的单词的组成方式，从而掌握单词的发音规律、构词法知识、文化内涵、引申拓展意义、词语搭配等方面的知识，形成有效的词汇学习策略，提高自主学习词汇的能力。

（四）系统性原则

历代的教育者都主张，教育要遵循系统性原则。孟子的学生乐正克在《学记》说："杂施而不孙，则坏乱而不修。"他以为，若教书散漫，便会造成一片混沌，效果不佳。夸美纽斯曾说过："秩序是把一切事物交给一切人们的教学艺术的主导原则。"当代教育学理论指出，教育之所以要有序、系统、连贯地进行，是因为其所教授和所学的科学知识之间存在着一定的逻辑关系。英语词汇的学习要按照英语的客观规律，有系统、有组织、有条理地进行，这样才能保证学生掌握系统的词汇运用规则。一些英语教师的词汇学习中出现了一些问题：注重词语的解释，忽视上下文的使用；重生词教学，轻词汇反复；重单个或批量单词处理，轻话题词汇整体输入；强调词汇的表面含义，忽视语义的深入挖掘；重单词集中教学，轻结合语篇学词汇，使得词汇教学呈现"碎片"状态。词汇教育是一个多视角、复杂而又漫长的过程，应该遵循系统性、整体性和逐步发展的基本原理。在教学时，教师要从学生生理、心理、智力、认识方式等方面，科学地引导学生系统地理解英语词汇的拼读、英语的基本构词法、英语词汇和汉语含义的关联和差别、常用词汇的组合、词汇的语法和语用等方面的问题。因此，要使英语课堂中学生的词汇学习取得一定的效果必须做到有条不紊、系统化，从而使其更好地把单词的学习转换成词汇能力。

（五）理论指导原则

正确的理论是客观事物的本质和规律的正确反映。理论是从实际出发引导人们进行实际操作的先导。如果缺乏理论支持，那么教学工作就会变得很浅薄，很难走得更长远。为了防止对学生词汇学习能力发展和培养的盲目性，教师要在英语词汇学习中适当地提供一些理论上的引导，如英语词汇的特点、词汇学习的具体内容、词汇学习的途径、词汇学习的有效策略、词汇的构词法等。再通过实例总结，使学生能够更好地了解和学习词汇知识。

（六）层次性原则

在英语教学中，学生的词汇学习是一个循序渐进的过程。教师要按照学生年龄、心理特点和记忆力特点，针对不同年龄阶段的特点，分别提出共同的需求，并对其进行针对性的指导。为此，在实施中，应按照《义务教育英语课程标准》目标，制订分级、分层、分段的词汇教学目标体系、方法体系和评价体系，使词汇教学目标明确、层次分明，使学生的词汇学习技能得到真正加强。

三、初中英语词汇教学设计

在初中英语教学中，词汇教学占了很大比重。词汇的缺乏使学生不能很好地进行听、说、读、写的训练，从而无法达到交流的目的。在听力练习中，由于不懂词汇，学生无法理解、讲不懂英语；读书时，因不识字而不能理解文章内容，就像在读一本天书，更无法利用所学习的词汇来推测其意义；在写文章时，因为单词匮乏而无法把整个句子写出来。反之，词汇量丰富的学生，能够熟练地进行英语的听、说、读、写练习。但是，目前英语词汇课的很多教师都存在着"重均衡用力，轻主次分明；重孤立讲解词义，轻创设语言环境；重词汇的深层意思，轻词汇的扩展运用；重词的死记硬背，轻记忆方法指导"[①]的现象，造成学生词汇记忆负担过重，又不懂记忆方法，致使词汇的学习变得索然无味。因此，很多学生逐渐对英语失去了学习的热情，甚至出现了抗拒情绪，从而导致学习效率下降。教师进行词汇教学应该遵循激发学生学习热情的原则，使他们能够更容易地认识词汇、巩固词汇、记忆词汇、检测词汇，从而使初中英语词汇教学更

---

① 张福臣. 初中英语词汇教学的策略分析［J］. 校园英语，2016（12）：187.

加有效。下面，根据教学实践谈谈词汇的教学设计。

（一）词汇的引入方法

1. 实物、图片、手势等直观法引入词汇

实物和图像可以让学生对单词记忆印象更加直观、立体、生动、形象，让他们的记忆更加深入和坚固。在英语词汇课上，教师运用实物、图片和幻灯片等多种形式的辅具，以及手势、动作表情等肢体语言，既能引起学生的关注，又能培养他们学习的主动参与意识，从而激发他们学习英语的兴趣。另外，这种教学方式能够让学生将实物和动作与英语相结合，并培养学生的英语思考能力。

2. 用设置语境引入新单词

借助上下文的设定，让学生加深对词汇的使用及各种含义的认识，从而加深对词汇的记忆。没有特定的上下文，所有的词语都会失去其含义。所以教师在导入词汇时，可以将新词汇置于特定的情境中，让学生能在情境中推测出所学词汇的意义。举例来说，当教师在介绍"thirsty"的时候，教师可以说："I'm very thirsty, I want to drink some water."。教师还可以跟学生一起模仿他们所熟知的、与他们生活相关的主题。通过采用情景教学，让学生感觉自己就像是在真实的交流情境中一样，既能创造和谐的氛围，又能激发学生的学习热情，还能将词汇与场景有机地联系起来，帮助学生掌握所学单词，达到学以致用的目的，提高学生学习英语的效果。

3. 用猜谜法引入新单词

猜谜能提高学生的学习热情，可以让学生主动地去学习，进而提升他们的听、说、读、写能力，并将这些词汇牢牢地记在心里。举例来说，教师说出谜题："It has three lags, It can tell us the time."学生说出谜底："A clock."谜题大多简单明了，而且还可以训练学生的听力和思考能力。在一节课上，猜谜可以让课堂更加生动活泼，激发学生的学习热情。除了新词汇，教师还可以使用旧的词语来导入新的词语，并通过英文的讲解来导入新的词语。例如，由"cold"引出"hold"，由"worried"引出其同义词"anxious"，由"same"引出其反义词"different"，用这些方法可以起到温故而知新的作用。

（二）词汇的巩固方法

英语词汇教学旨在使学生掌握、积累词汇，而学生对词汇的掌握、积累取决于学生学习的词汇量。下面介绍几种教师在课堂上巩固词汇的方法。

1. 用游戏巩固单词

孔子曰："知之者不如好之者，好之者不如乐之者。"（《论语·雍也篇》）兴趣能提高记忆力，兴趣是一种积极的、持续的认知倾向。运用游戏法进行课堂教学，能极大地激发学生对游戏的兴趣。在词汇教学中，教师通过各种形式的游戏设计，可以使学生掌握新的词汇。如果教师教完12个月的单词，教师就可以在转盘上画出12个月的单词，然后在转盘上写下12个月的单词。教师也可以模拟"你画我猜"等游戏来巩固学生的词汇。利用游戏强化词汇，使枯燥的词汇教学更加生动活泼，课堂上的气氛也更加活泼，让学生在不知不觉中就能背熟单词。

2. 用歌谣巩固单词

教师可以将课上所学的词汇与特定的音乐或节拍结合起来，形成一首歌曲。通过这种教学方式，不仅能让学生对学习产生浓厚的兴趣，还能加深学生对单词的印象和持久的记忆。比如，在学生学习一周或一个月的词汇后，教师可以教学生星期歌、月份歌；在学习了色彩词汇后，教师会教授色彩歌；在没有音乐的情况下，教师还可以根据音乐的旋律，让学生根据音乐的旋律朗读。

3. 在完成任务中巩固单词

新课程倡导任务型教学，教师在教完了词汇之后，就可以给学生安排作业，让他们用所学到的词汇来完成作业。当然，在课堂中，除了运用上述两种方式巩固词汇，教师还可以通过图片、实物来巩固学生对词汇的掌握，或者以根据句子的意思填单词、根据解释写单词等练习进行巩固。另外，让学生在课后大声朗读和背诵包含新单词的课文或单词，可以巩固词汇量。不要让学生把单词单独背下来，而是要把单词放在句子里，使他们能够更好地理解和使用新的词汇。

（三）词汇的记忆方法

教师不能让学生孤立地背单词，而要让他们更有效地记忆单词，这对于学习英语词汇非常重要。

1. 根据发音分音节记忆单词

音标就像汉语里的拼音一样，要想把英语练得很好，首先要通过语音关，否则学生就学不会英语，也看不懂英语。英语是音形文字，大多数英语词汇的字母和字母组合都是有规律的，教师只需要把这些音节的发音规律教给学生，学生就可以进行拼读。此外，教师还要教学生掌握词汇的特征，由熟悉的单词来记忆与其读音相似的单词，比如用"borrow"来记住"tomorrow"。学生只有将单词的拼写和读音联系起来记忆，通过读音和字母的关联来记忆，在单词的意义理解上记忆，才能记得更牢、更持久。

2. 从词汇的构成角度来记忆单词

英语中有很多单词都是由词根和词缀组成的。教师要注重构词法的学习，尽早把构词法的相关知识教给学生。通常添加后缀可以使单词的性质发生变化，如"use"，添加后缀可以变为"usage""useful"等。若增加一个前缀，就会使单词的意义发生变化，如"able"加前缀可以变为"disabled""enable"也有些合成词语，比如"playground"，是用"play"和"ground"组合而成的。如果学生理解了这些词汇的构词方法，就可以迅速地把它们背下来。

3. 防止遗忘

学得容易，忘得也容易，这是每个学生都会遇到的问题，因此与遗忘做斗争是词汇教学的一项重要工作。要想让学生记牢单词，教师要在学习完毕后指导他们进行记忆。在教学中，要注重科学记忆，要根据词汇的学习规律，多层次、多角度、多种形式地记忆这些词汇，优化记忆流程，用各种循环方式，达到重现再认，不断巩固单词记忆。

（四）词汇的检测方法

1. 口述

口述是英语教师最常用的测试方法，也是最有效的方法。在口述过程中，教师要求学生不但要对个别词汇进行口述，还要对包含词汇的句型进行口述，这样才能更好地了解词汇的使用方法。

2. 检验

通过常规的英语单词考试，能提高学生的词汇量。在完成一节课后，教师可以安排学生参加一个小型的单词测验。在完成2~3个模块后，可以安排一个单词大竞赛，并在此基础上选出"记忆大王"，以此来激发学生学习英语的兴趣和积极性。

四、初中英语词汇教学的实施

在整个英语词汇教学过程中，主要是由教师授课，在词汇教学和检验上比较单调；而学生笔记记得精彩，但是缺乏运用机会，导致音形脱离，死记硬背，习惯一词一义。要想精通和掌握词汇，就得经过长时间的练习和使用。没有合适的时机使用，无论多么美妙的东西，最终都会被人忘记。因此，在这种情况下，学生对英语的学习没有多大的热情，而且由于生词太多，他们会慢慢地感到害怕并难以接受。

随着新课标的进一步推行，初中英语课文的阅读难度增加，并出现了大量的新单词，这给学生的学习带来了新的困难。因此，初中英语教师应该思考怎样才能让学生对英语产生兴趣、切实有效地使用英语，并在英语教学中积极地探讨英语教学方式。

目前，英语学习的最大阻碍在于，初学者不善于发现和总结规律。如果教师只让他们自己去记单词，那么他们就会死记硬背，就算能记住，也很难长久地记忆，更别说使用了。

所以，在进行初中英语词汇教学时，教师应该重视以下几个方面的问题。

（一）结合句型和语言交际的情景教词汇

每一个单词都是音、形、义的结合体，它的许多语言特点、词形变化的规则及多种含义只能在句子中得到全面反映。而掌握词汇则是要恰当地使用这些词汇，以形成句子、段落或篇章来表达自己的意思，从而达到交流的目的。所以，词汇教学要把语法和语境相联系，让学生能从具体的语言材料中了解词语的意义并加以运用。

（二）区分主次、词类教词汇

要彻底地学会一个单词，就需要对它的意义、拼写、读音、搭配、语法形式等进行全面的了解。但是，在初中英语教学中，并非所有的词汇都要求学生马上就能学会。所以，在一堂英语课程中，当出现了大量的词汇时，教师在词汇教学中就应该区分主次、有所侧重，而不应该主次不分、平均分配精力、增加学生负担。在教学中，教师要注重对词义的选择和重点的把握，突出重点和难点，尤其要注意动词搭配、一词多义、成语、同义词、反义词等的重点讲解。

（三）根据构词规则进行教学

英语单词的构成与分配并非零星的、散乱的，而是具有一定规律和系统性的。词汇教学应该采用整体教学法，引导学生通过词汇内部的形、音、义、结构和用法等的联系来理解和掌握词汇，如可以从词语的派生、转化、合成等方面来加强学生对词义的认识和理解。

（四）拓展学生词汇学习渠道

1. 鼓励学生多读书

词汇的学习是一个循序渐进的过程，单词的记忆是一个循环往复的过程，它要通过多种方式的组合来加以记忆，并在一定的上下文中逐步地巩固、加深和扩展。除让学生把课本上的对话与课文背得滚瓜烂熟外，还要让他们多读各种报纸、杂志或英语短篇文章。读书不但可以拓宽学生的视野和知识面、巩固已学单词，还可以增加他们的词汇量，强化他们的阅读水平。

2. 鼓励学生使用先进的工具来掌握单词

现在人们的生活条件越来越好，大多数家庭都有电脑、ipad等，因此我们可以让学生按照自己的喜好，使用先进的电子产品来听英语歌曲、看原声电影、上网浏览英语网站、与国外的网民通过电子邮件或者QQ沟通，让他们接触地道的、生动的英语词汇，这样单词的学习将会更加轻松和有趣。

3. 让学生在日常生活中搜集英语

随着国家教育体制的不断完善，英语教学的条件也在不断地提高。可以说，只要我们留意，生活中的英语还是非常丰富的。如地铁站的标识"No Smoking"（禁止吸烟）等。根据学生搜集的情况，通过分组、课堂互动的方式来拓展学生的词汇量。

总之，教师要严格遵守初中英语教材的相关规定，对英语词汇的认识进行细致的剖析，针对具体的情景，采取多种方式进行英语词汇的教学，这样就能让学生对英语的学习产生浓厚的兴趣，并有规律可循，以达到改善并提高初中学生英语词汇教学的目的。

第二节　初中英语语法教学实践

一、初中英语语法知识的类型

（一）内隐性知识

内隐性知识是指人所拥有的无法清楚表述的知识。很多有关本族语言的认识都是内隐的。一个人可以流利地说汉语，那么他肯定会运用很多汉语语法，但这种知识究竟是怎么来的，他也说不出来，因为内隐性知识往往是抽象的和内在的。

内隐性知识是指"如何做"的知识，是人们在实践中无意识地具有的一些知识。就英语教学而言，英语中的内隐性知识能让学生自主、流利地运用英语进行交流。我们平常所说的"语感"与它有密切联系。一个人的英语语感越好，其所拥有的内隐性知识就越多，其运用英语进行交流的水平也就越高。英语中的内隐性知识源于大量接触的语言材料，通过学习和运用，会自然而然地获得。

（二）外显性知识

外显性知识是我们能够正式表达出来的知识，我国的学生在长期的学习中，已经学会了很多词汇和语法规则，而其中大部分都是外显性知识。

外显性知识是指"是什么"的一种认知，它主要源于教师的知识传授及学生的阅读（如词典、语法书等）。在语言交际中，外显性知识的"监察"功能占主导地位。因此，掌握了外显性知识，可以使学生正确地辨别和运用英语，让他们及时发现自己的错误，并加强他们语言运用的能力。外显性知识与内隐性知识并非一成不变，而是可以彼此转换的。

通过对内隐性知识进行分析、思考和总结，可以使其成为外显性知识。而在重复练习的情况下，外显性知识也能被转换成内隐性知识，即所谓的"内化"。从语法的角度看，这种内化的效果可以使学生拥有驾驭语言体系的能力，从而让学生在运用英语进行交流时很好地运用这些语法规则。英语的语法规则很少，然而学生一旦内化了这些规则，就可以利用所学的词汇创造出无限数量的句子，做到表达自如，这就是初中英语教学所追求的最高目标。

二、初中英语语法教学探究

与传统的英语语法教学不同，现代英语语法教学的目的是提高学生的英语交际能力。英语语法教学是句子、语义和语用三者的有机结合，英语语法教学无论缺少哪一种都是不完善的。目前，英语课堂上过于强调"讲语法"，而忽视了学生英语的综合运用能力，因此初中英语教师在课堂上要注意转变"英语"教学中不合理之处，以求达到更好的效果。笔者在大量吸取各类语法教学方法的同时，针对初中生的心理特征和感性知识，并结合自己的实际工作经验，归纳出了一套较为实用的英语语法教学方法。

（一）完整步骤化教学

完整步骤化教学就是在语法教学过程中进行的一系列有步骤的、完整的教学活动。在此基础上，学生能够熟练地掌握所学的各种知识，从而达到语言交际的目的。在完整步骤化教学过程中，教师要让学生从"不知道"到"知道"，再到"使用"。完整步骤化教学包括三个层面：呈现、练习和应用。"呈现"是指在一定程度上使学生与言语现象产生联系，而教师则负责揭示其结构与含义。让学生了解和掌握语言情景，让他们自己通过提问、猜测、探索等过程来总结和归纳自己的语言知识。"练习"是指教师为学生提供充分的时间，让他们对所学习的语言进行练习，以保证他们对所学的语言有正确的认识。"运用"是在学生了解和掌握了语言的形式和含义以后，给他们提供使用语言的机会。

（二）趣味语法教学法

心理学把学习兴趣看作一个人为了了解这个世界，渴望了解科学文化知识，以及不断探索真理而带有情绪色彩的意向活动。激发学生的学习热情有利于英语教学的顺利开展。在英语语法课上，很多同学对语法的掌握并不十分关注，认为语法是一门高深的学问，对其没有任何意义和吸引力。语法课程缺乏趣味性，其主要原因是语法教学形式过于单一化。有些教师认为，语法课就是专门教授语法知识的课程，却忽视了学生听、说、读、写能力的培养。有的教师不重视学生的口头交际，课上只有教师一个人"表演"。在初中英语语法课上，教师要注重学生的参与，要经常变换课堂教学方式，以提高学生的学习兴趣和主动性。

（三）实践语法教学法

在初中英语语法课上，要突破教师"满堂灌"的传统"课堂式"教学模式，更多地让学生去说、去做，这样学生才能取得好的学习效果。在传统的英语课堂教学中，教师往往要查阅大量的资料，引用许多例子，一节课枯燥地讲了两个单词（如"take""talk"等）或一个句型（如"so...that..."等），教师忙着写和说，学生忙于抄写，没有时间去实践，所以课堂教学效率并不高。从心理学的观点来看，英语语法教学应当以学生为中心，教师提供要说的句子或词组，让他们自行组织句子，或进行一对一的练习，使他们在实践中掌握语法，从而达到良好的教学效果。让学生抄5个句子，不如让学生自己造一个句子，知识只有通过实践才能掌握得牢固。教师的职责是纠正和指导学生的错误，而不是用大量现成的句子来代替学生思考。在语法教学中，如果不让学生练习，无论怎么讲都很难达到预期的教学结果。语法教学一定要强调练习，强调实践，这样才能让学生学好、用好语法知识。

（四）交际语法教学法

目前，许多英语教材都着重培养学生的英语交际能力，一般都采用暗线的方法来教学生英语语法。而初中生要学的课程较多，英语课程的学习时间也是有限的，何况还缺少真实的英语环境，系统学习和巩固英语语法的难度就很大了。然而，英语中的一些基本的语法基础知识学习却是必不可少的，所以关键的问题就是怎样在语法的教学中培养学生的交际能力、贯彻能力培养原则。交际语法教学法可以采取以下方法。

第一，英语语法并非一成不变的知识，它具有特定的语用目标和上下文条件。在教学过程中，教师应该按照英语语言的目标和上下文进行英语教学。举例来说，当教师在讲动词过去进行时，要让学生明白这个时态是用来形容和解释在过去的某个时间正在发生的动作行为，如："昨晚九点的时候，我正在看电视。""昨天你打电话给我时，我正在和父母一起购物。"在这种上下文中，我们需要使用"过去进行时态"来表示一个特定时期内所进行的行为。然后学习其语法构成：was/were+ doing。让学生根据上下文创造出相应的句型。例如：I was shopping with my parents when you called me yesterday.

第二，举例讲解时，所给例句应提供真实的语义、真实的语境和真实的语用。在教学中，使用恰当的例证可以帮助学生理解某些语法条目的语用和意义。例证必须具有清楚合理的语用意图，上下文意义要完整合理，例证要标准、规范，尽量避免使用不真实的语句，要尽量选择英语原著、影视作品中的例证，这样更能激发学生对语法的学习兴趣。

（五）归纳法语法教学

在英语语法教学过程中，我们可以归纳总结出学生所学到的、具有内在关联的、具有语法意义的知识，然后传授给学生，使学生易于理解、掌握和运用。在教学中，教师可以研究英语句子和不同词类的特点，发现其内在规律和联系，然后形成一套句子和词类的规律体系，教授给学生，着力培养学生的"英语意识"。

英语是一种与中文有许大区别的形合语言。第一，不同时间、不同语境下，英语词汇的外在形态要有对应的改变，并通过词形的变化表达不同的意思；第二，英语的句法结构与中文不同，在中文里，不管有多少个定语，都会出现在修饰的名词之前。英语中的定语具有多种特征：首先，其表达方式多种多样，可用形容词、介词短语、非谓语、定语等做定语；其次，位置不一样，单个形容词可以位于名词前面，由两个以上不同词性构成的定语一般都是位于名词的后面，构成所谓的后置定语。教师通过对这些句子规律和词类特性进行归纳总结，再经过系统讲解后，让学生经常练习，能有效培养学生的英语意识，使学生在学习英语的时候，能自觉摆脱母语的负迁移，提高学习效率，能帮助学生在考试中找到解题的切入点，取得好成绩。

第三节　初中英语听力教学实践

一、初中英语听力教学的实质

在传统的英语教学中，教师注重的是教育效果与期望的教育目的之间的吻合性与一致性，其结果经常是将教学结果转化为学生对知识的掌握，并且仅仅通过考试的分数来体现教学效果。随着新课程改革的不断推进，有效教学的实质也有了进一步的发展。

有效教学是以提升教师工作效益、强化过程评价、实现目标管理为目的的一种现代化教育思想。在新的课程观念中，英语听力教学从关注学生、关注发展、关注过程、关注教师等方面入手，其实质主要包括以下几个方面。

（一）初中英语听力教学关注学生的全面发展

英语听力教学应以学生的发展为起点与终极目标，在课堂上教师要确立以学生为主体的意识，以促进学生的全面发展与协调发展为己任。

第一，教师要树立"对象"观念，确定学生的主体地位。英语听力课不能只是教师的"独角戏"，而要让学生在课堂上扮演主要角色，让他们有足够的时间和活动空间，激发其学习的主动性、自觉性和创造性。而教师要做好组织者、参与者和引导者，在英语听力课堂中发挥积极的作用。第二，教师应树立"全人"的思想，促使学生更加全面地发展和进步。教育的最终目的是促进学生最大限度的和谐发展，尤其是在精神和人格上的发展，这就要求英语教师在初中英语教学时要通过该学科提高学生语言综合运用的能力，注重发展学生的个性，提高学生的素养和开发学生的思维，最终实现对学生的全方位和立体化培养。

（二）初中英语听力教学关注学生学习的全过程

在学生学习英语、增强英语听说能力的同时，教师还要培养学生良好的情绪感受，促进其对先进文化和情感表达方式的了解与接纳。教师在课堂上每个环节都要做到精细，每个问题都要有针对性，每个场景都要有穿透力和感染力。在英语教学中，要使学生学会运用各种有效的学习方法，树立正确的学习心态，培养良好的学习行为，从而为其终身学习打下坚实的基础。在教师的教学和指导下，在每次学习的实践中，在不自觉地学习和累积的基础上，不断地培养学生终身学习的能力、兴趣和习惯。同时，英语教师也要重视学生的英语学习的过程，注重在这一过程中学生其他能力的发展。①

（三）初中英语听力教学关注实际的教学效益

在英语听力教学中强调教学效益，不在于在一定的时限内讲授更多的东西，也不意味着成绩越高越好，而是指教师在有限的时间内教有限的内容时，强调学生综合素质和技能的提升，强调知识的传递和技能的训练。教育就是培养学生的自学能力、兴趣和爱好。这就需要教师在教学中牢牢把握教学时间，以丰富的知识打动学生、以生动活泼的方式启发学生、以

---

① 王琪、李山、赵军. 新课程改革初中英语教学课题研究论文集［M］. 武汉：武汉大学出版社，2014：7.

真挚的情感感染学生，从而产生最大的学习效益。

（四）初中英语听力教学关注教学指标的量化

教学的量化评价是科学进步的一种表现形式，定量能够更好地衡量教师的工作效率，更真实地反映教学过程中的优点和缺点，从而能更好地为学生服务。把定性的评价逐步合理地向定量的方向改进和演变是教育评估的发展方向和趋势。然而，在实践中，英语的各个部分、各个要素并不是都可以被量化的，英语听力教学要反对和拒绝过度的量化。在教育实践中，教师不仅要量化指标去找问题，还要注意培养学生自主、合作、探究等方面的学习技能。

（五）初中英语听力教学要求教师要进行有效、深刻的反思

教学反思可以推动教学流程的最佳化设计，从而推动教师的专业发展与进步。教师的教学反思应当是持续不间断的。在时代的发展与变迁中，不仅是学生在变，教师也在变，新的教材也在不断地更新，因此教学反思成为提高教育质量不可或缺的条件。反思也要从多个方面进行，教师不仅要反思教学环节的设置，还要反思教学内容和学生的学习状态。在教学实践中，教师还应该对教学理念、科研能力等深层的、抽象的要素进行反思。

二、初中英语听力教学的策略

笔者针对目前初中英语高效课堂的现状，对影响初中英语课堂有效教学的诸多要素进行了深入的探讨，并就如何改善英语课堂的效果提出了有效的改进方法。

（一）加大教育投入，改善初中英语听力教学条件

学校对教育的投资不仅包含校舍、图书、仪器设备等物质方面的投资，还涉及教师和学校管理人员等人力资源的投资。教育资源的投资将会对教育效益的产出产生深远的影响。

教育体系是一种以人为主体的社会体系，由师生两大因素组成，其中教师是组成要素之一，也是教育工作中很重要的一部分。确保教育体系中

教师的贡献是非常关键的。目前，我国的初中教育体制还存在着师资配置不均衡的问题。在城镇地区，特别是在偏远的山区，英语师资的配置存在一定的不足。教师是履行教学的专门人才，而随着经济的发展，新时代对其专业化水平的要求也在不断提升，要求教师具备专业意识、专业态度、专业知识、专业技能和专业素质。因此，合理地利用初中英语的师资力量来进行初中英语的高效教学，是提高初中英语教学质量的一个根本前提。

根据传播理论，教育本质上就是教师利用某种教学媒介将知识、情感、技能等传播给学生。在当今的社会发展中，教育媒介正在从诸如语言文字符号系统、模型、黑板和实体等非电子化媒介过渡到诸如幻灯、投影仪、录音机、收音机和语言试验室等乃至更高级的电子学媒介，如电视机、电脑和计算机网路及电视机记录等。目前，国内初中英语听力教学存在着总体上的滞后和教学设施匮乏等问题。我国部分地区的初中英语听力教学设施仍局限在录音机上，语音教室也不常见，这对我国的初中英语听力教学有很大的阻碍作用。例如，笔者在邯郸市一所初中进行了一次调查，结果显示，8个班的英语教学仍然在采用磁带式的听力教学，教师在讲台上播放录音，让学生聆听。在这样的环境下，该校学生初中英语听力成绩不佳也就不足为奇了。为了确保英语听力课的顺利开展，相关部门应该引入先进的教育媒体。

图书馆是学生的"第二教室"，图书是一种重要的教学资源。丰富的书籍能够拓宽学生的视野，提高他们的学习热情。也可以帮助教师提高教育水平，充实其知识体系，使其课程资源得到有效的利用。为了保证初中英语听力教学的顺利开展，相关部门要加大经费投入力度，提供充足的书籍资源。

（二）修订英语教科书，增加初中英语教材听力内容分量

教材编制是新一轮课改的重点，英语教材要与新一轮的初中英语课程标准匹配。现代教材在内容的选取上，不仅要注重建构知识系统，还要注重与其有密切关系的智力价值、态度价值、动机价值和情感价值的开发。

初中英语听力教材的编写，既要有陈述式的知识（回答"是什么"的知识），又要有程序性知识（回答"怎么做"的知识）。程序知识的掌握

对培养学生学习的灵活性和应用新知识的能力具有更为重要的作用。新的课程标准要求学生要具有认知策略、调控策略、交际策略和资源策略等学习策略，而这一切都是程序性知识。教材的编制要从"教程"型转向"学程"型。初中英语听力教科书应当吸收和借鉴国外以学生需求为着眼点的思路，重视学生与教学内容之间的内在联系。

目前，我国初中英语听力教学还没有专用的英语教材，所用的英语教材不能反映英语听力的内在发展规律，影响初中英语听力教学的正常进行和学生英语听力水平的提高。因此，我国初中英语听力教材的改革势在必行。初中英语听力教材要做到从简单到困难、螺旋式提高难度的方式编写，这样有利于学生的整体学习。

（三）增加学校环境英语化因子，营造良好的英语学习氛围

当前，在重视素质教育和教学策略的背景下，我国初中英语教学日益倡导用多种方式营造英语教学环境。为了克服当前初中英语教学"高投入低产出"的窘境，我们应该鼓励学生充分利用现代英语学习的有利条件，积极创造英语自然且真实的交际环境。创造一个良好的语言环境是提高英语教学水平的有效途径，英语教师要把英语课堂作为培养和锻炼学生语言运用能力的场所。因此，教师要尽量挖掘自己周围一切可以利用的信息，为学生提供更好的英语语言环境。

首先，初中英语教师要在课堂上运用英语进行教学，让学生在英语课堂里的所闻所说都是英语，从而营造良好的英语学习氛围。

教师可以为学生提供一个英语主题，并让学生用英语进行对话和交流。通过这种方式，既可以训练学生的英语口语能力，又可以加深学生对英美语言的了解，让他们沉浸在英语学习的汪洋大海中，激发他们的学习积极性和热情，拓展他们的英语知识，从而提高他们的英语听力水平。在开课之前，教师可以在3~5分钟内对学生进行"warming up"教学，通过唱歌、游戏、猜谜等方式将学生引入课堂和导入新课；可以让学生把好的课后知识带入课堂，和同学一起分享，并给予其充分的表扬和奖赏。此外，还可以利用录音机、简笔画、多媒体等手段提高初中英语教学的直观性、

形象性和活跃性；在初中英语听力教学中，也可以采取"结对""分组"等方式进行教学。

英语课堂活动的灵活性和多样性，有助于激活学生的思考能力，营造生动活泼、充满活力的英语学习氛围，从而提高学生英语学习的热情。然而，英语教师在运用英语进行教学时，应该注重选择简明、实用、阶段性、便于学生理解的语言。同时，英语教师还要引导学生对英语国家历史文化、风土人情、地理环境、风俗习惯等方面的知识进行深入的研究，提高学生英语学习的兴趣，促进其主动、积极地进行学习，最终达到教学目的。

其次，可以利用英语演讲、英语角等多种形式来创造英语教学的良好环境。英语教学具有很强的实用性，而英语技能的培养与听、说、读、写的训练有着密切的联系。一个人对自己思想传达的准确性、思想传达与其语言习惯的匹配度，以及对其所身处环境的把握在很大程度上受特定情境的影响和限制。由于中西方语言和文化的差异，中国的学生在英语的表述上往往会不知不觉地出现"汉语式"英语的错误。为学生创造一个自由、宽松的学习环境，使学生充分参与英语教学，能够取得较好的教学成效。

教师可以通过多种方式来营造英语学习氛围。比如：学校电台可以在一周的1~2日内为学生播放英语歌曲或英语趣味节目；学校的橱窗可以为英语留出一席之地宣传英语的课外知识，以扩大初中学生的英语知识面；可以使用黑板报来拓宽初中生的国际视野；学校里的各类标识也可以制作成中英文对照模式。

最后，教师要充分利用各种途径来营造良好的英语教学氛围，制订综合、高质量的教学方法，为英语教学创造有利的教学条件。营造一种能够调动英语学生学习兴趣的良好学习氛围，有利于增强学生的英语交流技能，培养学生的英语思考能力。

（三）开展英语实践活动，强化初中英语听力教学模式和方法的应用

初中英语听力教学的落实，最终要靠教师在课堂上以有效的英语听力教学方法来组织课堂活动，这是一个非常复杂的过程，限于本书的研究范围，下面仅从以下几个方面提出改进策略。

1. 激发学习动机，调动学习情绪，使学生处于最佳的学习状态

布鲁纳建议，让学生以彼此的竞赛来作为其主要动力，不如让他们去挑战自己。强调要形成学生的胜任动机，必须激发他们的潜能，从而提升他们的学习能力，使他们的学习更有成效。兴趣是最好的教师，而动机则是最大的内部驱动因素。在中学时期，学生一般精力旺盛，思维敏捷，但是他们的情感却很不安定，要使他们的英语听力能力得到提升，必须激发他们的学习积极性，调动他们的学习热情，笔者认为可以从几个方面进行尝试。

首先，英语教师要充分利用课前有限的时间，通过英语歌曲、英文散文、英文童话、英文小段子等多种方式来激发学生的学习兴趣，培养他们的学习动力。

其次，充分运用网上的听力资料进行教学资源的整合。教科书的稳定性较强，教学内容的变动不大，难以反映最新的、具有地域特色的、吸引人的主题。英语教师在准备课程时，可以从网上获取一些难度中等的英语新闻和短篇小说，提供一些与实际情况密切相关、适合初中生的英语短片，这样有利于激发学生的学习热情。此外，英语教师还应在英语教学中，鼓励学生尽情地发挥自己的想象力和潜能，尽情地表达自己的观点，不设标准答案和最佳答案，肯定和鼓励学生的每一种见解。只有这样，才能促进中学生发散性思维和创新能力的发展。

总之，为提高初中学生英语听力技能，初中英语教师就要想方设法调动学生学习英语的积极性和主动性，使其处于最佳的学习状态。

2. 采用学习小组的形式，促进学生之间的交流与合作

目前，在初中英语听力教学中，学生之间的互动与协作是影响其学习效果的重要因素。教师可以采用学习小组的方式来安排课堂教学，加强与学生之间的互动，从而使他们的英语听力水平得到明显的提升。在组队的时候，可以把成绩一般的学生和成绩较好的学生混在一起，这样既能给他们提供学习的动力，又能激发他们的学习兴趣，让他们更好地掌握相关知识。比如，每四个人一组，在听了一节英语听力资料后，大家互相交换看

法，然后由一名学生来作最后的陈述。在这种教学模式下，既保证了学习气氛的民主、开放、自由，又充分调动了学生的学习积极性。

3. 使用先进教学媒体，充分利用语音教室进行听力教学

英语听力是通过声音将知识传达给学生，因此必须通过特定的媒介来进行。提高英语的听力效果、营造良好的英语学习氛围是提高课堂教学的关键所在。在没有现代化教学媒介的情况下，依靠非电子媒介等传统的英语听力教学很难有效地完成英语听力教学。

语音教室的兴起，极大地改变了初中英语听力教学的环境。现代化的语音教室集语言教学和多媒体教学功能于一体，它既可以使课堂教学更高效，又可以增加听力教学的密度，同时还可以大大调动初中生英语听力学习的积极性，使英语听力的课堂教学效果得到明显的改善。在初中英语听力教学中，要使英语教学媒介得到有效的运用，特别要运用好语音教室，以促进英语课堂学习效果的提升。

4. 合理安排初中英语听力教学内容

教学内容是师生在互动中的重要信息，教学内容的正确性，将对教学质量产生重要的影响。初中英语听力的有效教学需要英语教师对英语课程进行科学、合理的编排。在初中英语听力课的编排上，应该注意下列问题。

一是要根据中学生的学习特点，让学生对所学知识进行及时的温习。艾宾浩斯的记忆力曲线表明："遗忘"是在"学习"结束后立刻发生的，而"遗忘"的过程是不均衡的。在新课程项目的编排下，英语教师应该在课后的一段时间里，把学生学习过的听力资料重新整理一遍，以便加深学生对所学知识的记忆，并巩固已掌握的英语听力技能。

二是英语听力课的编排应由易到难。这有助于学生逐渐地适应新的学习环境，并调动学生学习英语的积极性，从而使学生的初中英语听力水平得到改善。

三是将英语听说技能的传授与听力内容相融合。例如，通过说话人的口气来推测所听到的东西；增加学生听力模糊的容忍度。掌握英语听力的技巧，可以帮助学生更好地了解所听到的教材，提高学生对英语听力的感

知度。

5. 注重策略性知识教学

策略性知识回答的是"怎么办"的问题，它涉及个体的认识活动和个体调控认知活动的知识。策略性知识能够有效地监督和调控学生的学习进程。了解和应用这些策略，可以帮助学生在学习过程中获得更好的学习效果，从而提高他们的自主学习和自我管理能力。新课程标准对初中英语学习策略在认知、交际、调控、资源等方面都有了清晰的要求，有效的初中英语教学自然要贯穿这四种策略性知识。在进行策略性知识教学过程中，需要把握好以下几个问题。

首先，新的初中英语课程标准要求初中生掌握四种策略知识，而在初中英语教材中却缺乏相应的内容。为了解决二者的冲突，初中英语教师应在课堂之外对相关策略性知识进行恰当的补充，并将其渗透听力教学中，并在课堂上灵活运用。

其次，在初中英语教学过程中，要运用生动的词汇对策略活动进行描述。要让学生模仿，就要运用浅显易懂的英语词汇，让他们对学习的内容能够进行形象化理解并掌握，从而达到学习的目的。

最后，英语教师应重视学生认知能力的培养，学生既有的认知策略制约着策略性知识的教学。教师可以利用问题来提高学生注意力，使其逐渐由外界控制转变为自我控制；教学内容主要包括教会学生如何做笔记、如何进行知识分类、如何进行知识整理和语义处理等。

在进行策略性知识教学过程中，要注意学生原有的策略知识水平，使其与"最近发展区"相一致，既要以学生的心理水平为基础，又要有发展性。总之，在中学英语课堂教学中，教师要真正将策略性的知识传授运用于英语听力的课堂教学之中。

6. 对初中学生进行英语听力的有效性学业评价

学业评价包括认知、技能和情感三个方面，有效性学业评价能提高初中英语听力教学的水平。在初中英语听力教学评价中需要注意以下几个方面。

一是注重以发展为导向的学生学业评价。在现代教学评价中，最注重的就是学生学业评价的发展功能。学生学业评价注重以人的发展为基本目标，评价目标、评价内容、评价方法和评价标准都要有利于学生得到更好的发展。在英语课堂教学中，教师要注重对学生的形成性评价。比如，可以将教材中某一部分或某一课程的内容作为一个整体来进行学业评价，根据评价结果，适时地对教学内容、教学过程和教学方法进行改进，以提高学生的学业评价水平。教师也可以依据评价结果，对课堂的教学方式和教学要点进行适当的调整，同时也可以为学生提供更多的有针对性的学习任务。对于未达到教学要求的学生，安排与所学内容难度相当的作业，对达到要求的学生，布置难度相对大一些的作业，这样对每个学生的发展都可以起到促进作用。

二是注重评价学生的情感状态。在教学实践中，学生的学习行为是认知活动与情感活动相互影响的过程，认知能够改变情感，情感也会对认知产生作用。布鲁姆认为，1/4的分数差距可以通过一个人的情感特点来解释。学生的情感活动越来越引起人们的关注，它已经是当代教育界的一个主要研究方向。英语新课程标准对初中英语的教学情感目标有了清晰的认识，其中包含学生对英语的理解和对英语学习目标的认识；对英语有浓厚的兴趣和渴望，愿意参加各类英语实习活动；对英语学习有自信，并能用英语进行交流；能够与学生一起参与小组活动，相互协助，一起完成学习任务；能够感受到英语学习的快乐，愿意去听英语歌曲、读英语读物等；能够关注和了解别人的英语表达方式；一名称职的英语教师应当对学生的情绪、感知和学习态度进行科学的分析。在评价初中生的情感状况时，应采用观察、问卷等多种形式，而不能采用认知学习评价中的单一而具体的量化评价方式；应充分尊重和了解学生的情感表达方式，并仔细分析其评价的效果，采取相应的纠正和改善方法，以提高学生英语学习的热情。

三是让家长以正确的态度对待学生的学业评价。父母在学生的学习、生活中起着举足轻重的作用。大多数家庭的父母缺乏教育学、心理学等方面的专业知识，他们对自己的孩子期待较高，因此他们对待学生的学业评价常常不能用理性、科学的眼光来看待。英语听力教学评价的实施，要求英语教师通过自己的亲身实践，把教育学和心理学的一些基本的、实用的东西传递给家长，让父母以正确的心态看待学生的学业评价，准确地了解学生学业评价的目标，通过评价结果的分析帮助学生找到学习的方向，找到自己的优点和不足。此外，初中英语教师也可以教导学生父母如何培养学生良好的学习习惯，如可以让家长为学生准备好必备的训练听力的工具，提醒学生经常进行听力训练并给予实时的鼓励，等等。

总而言之，对学生进行良好的学业评价是提高课堂效率的必要条件，而对学生进行良好的学业评价有利于提高教师的教学效率。英语教师要有高度的责任感、专业的知识和超前的思想观念以对学生进行全面的学习评价。

第四节　初中英语阅读教学实践

一、初中英语阅读教学规划

在分析了初中英语阅读教学中存在的问题之后，摆在教师面前的是如何才能更好地解决这个问题。因此，将英语教学与学生学习相结合，成为英语教学中的一个重要课题。

英语教师自身的知识储备、语言观、教学方法等因素对学生阅读策略的形成有很大的影响。如何使学生在有限的时间内正确地获得所需信息，并具备较强的阅读技巧和阅读习惯；怎样才能从阅读中获得社会经验、现实政治、科技文化；如何在阅读的过程中培养学生的推理、分析、逻辑、联想等技能；怎样运用现有的阅读策略和阅读技巧为今后的英语阅读打下坚实的基础。这些问题的解决才是初中阅读教学的最终目的。

为了达到初中英语阅读教学的最终目的，笔者结合多年初中英语阅读教学经验，提出以下建议，希望能对初中英语阅读教学有所促进。

（一）转变教学观念

英语阅读教学并非单纯地使用教材来教授新的知识，不是简单地对文字或句子进行诠释，也不是以理解新的语言为终极目标。阅读是一种技巧、一种方法，学生可以从阅读中学习到知识。初中阶段的英语阅读对他们整个人生都有很大的影响，如果教师只是把阅读材料简单地拆开、分解、解析，就会让他们认为读书就像是在解读印刷符号，将词汇结构作为理解的唯一前提，无论读什么文章均采取同一种模式：细嚼慢咽，自上而下，从词到句。在英语教学过程中，教师应注重对学生进行英语听力训练，尤其要加强锻炼学生获取信息的能力、解决阅读理解中各类问题的能力。

（二）培养良好的阅读习惯

培养学生良好的阅读习惯是提高学生阅读水平的先决条件。初中生的英语阅读速度一般都比较慢，而且他们自己也无法独立地读懂阅读课教材的内容，教师为了达到预期的教学目标，必须花费很多的时间去解释。为此，应尽早让学生养成良好的阅读习惯，提高他们的阅读速度和阅读能力。阅读的方法有心读、看读、声读。在信息传输的过程中，阅读与观看有着本质的区别。阅读过程为词形—词音—词义。看的程序是词形—词义。通常，观看比阅读更快速。在阅读时，有些学生会把单词读出来，有些学生虽然不读出声音，却在心中默念，这些都属于声读现象。声读对提高学生的英语语感起到了很大的促进作用，但若把阅读作为一个简单的声读过程，就会对英语的学习效率产生很大的负面作用。所以，教师要让学生从"声读"转变为"看读"，培养其直接理解书面意义的阅读能力。

（三）背景知识结合语言知识

语境是了解某一具体文本的必要信息。有学者表示，在英语学习过程中，背景信息的作用比言语的作用要大得多，而没有相应的背景信息则会导致学生的阅读能力下降。在教学过程中，要注重培养学生对课文的了解，并将所学到的词汇、语法功能、主题等与其相关的词汇和语法功能相融合。

（四）猜测词义的教学策略

猜测词义的意思是一种阅读技能，是会考和高考的必考形式。阅读并不是一种被动接受型语言活动，它是一种心理上的猜测活动。一个单词或一句话，没有任何的含义，仅仅能给人提供一个思考的思路，让读者根据自己各方面的知识对阅读内容进行猜测和推断。在课堂教学中，教师往往会先教单词，或是让他们先学会单词然后讲解文章，这是一种很好的教育方式。但是，在阅读教学过程中，我们并不一定要把所有的单词都看完，在碰到新单词的时候，往往不会中断阅读来确定单词的意思。为了提高学生的阅读水平，应该引导他们根据语境去猜测词语的意思。

（五）阅读题的评讲都注重判断推理

逻辑推理属于主观理解范畴，是阅读理解的深层阶段，它贯穿整个阅读活动的始终。深入理解与逻辑判断是英语阅读教学的一个重要环节，它需要通过所掌握的知识和文章本身的关联，发掘未被清楚地表述的含义，即隐含意义。其主要内容有对作者或文中的态度进行推理、目的推理、原因推理、结论推理等。对学生逻辑思维的培养，可以帮助学生捕捉到有用的知识，并使学生准确地推断出文章的隐含意义。

（六）阅读速度的培养

阅读速度较快的学生，对文章本质的掌握要比阅读速度较慢的学生好很多。初中生阅读英语的速度为一分钟50~70个单词。要想使学生达到或超越这个标准，教师就必须对他们进行下列阅读技能训练。

首先，可以考虑略读技巧训练。略读是为了更好地理解文章的主题大意，更好地理解和掌握文本的结构，其阅读技巧就是要把握好各种语篇的特征，再从语篇的特征入手，理顺语篇，找到语篇的主旋律、重点和基本结构。其次，培养寻读技巧。寻读是为了找到某种特殊的信息并处理特定的问题。"寻读"以"略读"为基础，其阅读技巧是在略读步骤后，对文章的解构和思路有了一定的了解，捕获到了一定的信息，这时就带着问题去寻找答案和依据。最后，培养学生按照意群来阅读。意群阅读法是指以意群而不是以单词为最小阅读单位的一种快速阅读方法。这样既能提高阅读的速度，而且有利于对句子的整体理解，避免逐词阅读、逐词理解。

（七）课外阅读指导

课外阅读是课内阅读的一种辅助和扩展，它是一种很好的学习方法，通过这种方式读者的阅读能力将逐步提升，情感体验也会越来越丰富。在英语阅读能力的形成与发展中，要把阅读教学从课内延伸到课外。阅读教学如果仅仅停留在课内，学生的阅读实践则太有限。课外读得越多，词汇复现率越高，学生对单词和短语的掌握也会越好，也能增加阅读的速度，理解能力也就越强，从而在课内外实现阅读与学习的互动。学生在进行课外阅读时应该侧重消遣性阅读，在阅读材料方面要给予学生更多的自主权和自由性，同时教师还可以给学生提供一些英美方面的文学读物以供学生阅读。与此同时，广泛的课外读物也是拓展学生学习的一个主要途径。在课外阅读过程中，要有计划、有重点、有阶段、有层次地进行，教师要对学生适当地进行读、写、说、听等多种形式的教学，使学生的学习兴趣更加持久。学生阅读的内容要多种多样，而且要根据不同的书本类型来选择不同的阅读方法。

二、初中英语阅读教学的实施

在开展英语阅读课时，要注重提高学生的听说读写的水平。那么就需要做到以下几点。

（一）制订阅读目标和计划

在教学活动中，制订阅读目标和计划是一个重要的内容。只有确定了自己的学习目标，学生才会主动地使用自己的阅读战略来监督自己的阅读进程，并对自己的阅读结果进行评估，进而达到更好的阅读效果，提高自身的阅读能力。

在进行英语阅读之前，学生应按照自己的实际需要制订相应的学习计划，并制订适合自己的阅读方案。在课堂上，我们要提醒学生在进行课外阅读的时候，根据自己的阅读习惯选择阅读内容、记录阅读时间、记录阅读方式，独立地完成课外阅读。

（二）激发阅读动机

动机是指引发人从事某种行为的力量和念头。英语学习动机是指学生学习英语的动力和目标，其可以分成两类：一类是综合性动机。综合性也称为内部性动机，是指学生出于某种特定目标，如通过某种考试、获得证书或获得某一职务，而产生的一种特定的学习动机；另一类是工具性动机，即学生希望通过参加该活动，如英语国家的社会性或科学性活动，而产生浓厚的学习兴趣。一些学者发现，在学习过程中，出于综合性动机的学生要比出于工具性动机的学生更加积极，也更有可能取得良好的成绩。

教师可通过如下方式来提高学生的英语阅读兴趣：①使学生产生对英语学习的积极性。在日常的学习中，要及时地向学生灌输一些文化知识和道德知识，比如对"感恩节"阅读材料进行解读时，教师可以通过解释感恩节的起源和习俗，以及组织学生去观赏一些相关的节目，教导学生要懂得感恩。感谢那些曾经给自己支持和帮助的家人和朋友，或者利用音乐的魅力来引导学生学唱英语歌曲，并对其中的英语歌词进行讲解、欣赏。②设置特定的阅读作业。在教学活动中，设置作业是教学的重要方面。而学习目标的设置能够促使学生发现自己的潜能，从而使他们渴望实现自己的理想，激发他们学习的主动性和积极性。教师在教学过程中要考虑学生个体之间的差异，正确把握作业的难易程度，并按照"从易到难"的基本原理来提高学生学习英语的自信心，使他们体会到学习英语的乐趣。

（三）选好阅读材料

要使学生能够顺利地进行自主阅读，必须有大量的阅读材料。难易程度适当的阅读材料是提高学生阅读水平的关键要素。长期以来，初中英语教材中的课文被视为一种重要的阅读素材，但是仅靠教材中的课文阅读是不行的，还得有更多的课外阅读材料来扩大学生的阅读面。因此，帮助学生选择合适的英文读物是英语教师的一项主要工作。美国语言学界一位知名学者所提出的"i+1"式学习方法是培养学生阅读兴趣的起点。"i"表示学生目前掌握的语言知识和能力水平，而学生接触到适合自己能力水平的语言输入则为"i+1"。在学生进行"不太轻松"的阅读时，教师应该遵循以下几条基本的规律。首先，让学生能够理解阅读材料的主旨，并抓住重点。也就是说，避免教材中出现偏难或偏易的内容，而是要做到使阅读材料的知识和语料稍微超出学生目前掌握的语言能力，从而使学生的学习效果更好。因为试题的难易程度会影响学生的学习兴趣，影响其学习的自信心。较容易理解的阅读材料，会让人觉得枯燥乏味，难以达到预期的阅读目标。其次，在选用阅读材料时也要注意：一是要保证用词、表达习惯等各方面"原汁原味"，并尽可能地不采用"洋泾浜英语"材料；二是选择贴近生活、富有时代特色的材料，通过主题有趣、类型多样化的材料来激发学生的阅读兴趣，把"要我读"变成"我要读"。例如，对于与网络信息、时政评论、文体动态等相关的信息，学生常常会产生强烈的学习欲望，因此教师可以多挑选一些学生感兴趣的题材和文章作为阅读材料。学生通过阅读，不但能掌握一门语言，还能拓宽自己的知识面，使学习英语成为一种习惯。

（四）创立阅读环境

创立英语阅读环境可以从四个方面着手。首先，在学校，英语教师在授课时应尽可能地使用英语，然后在教室中可以设置一个英语角，提供英语童话书、英语报纸，在黑板报上张贴英语诊断语、标语、地名等。其次，可以在不同的英语平台上建立英语兴趣小组，组织学生欣赏和学习英语歌、做英语秀或收听不同的英文节目。再次，家庭环境，学生在校学习英语的时间是有限的，学生如果离开了英语教室，就很少能接触到与英语相关的语言情境，所学到的东西也很少能派上大用场，所以创造一个良好的英语阅读环境是很有必要的，这有助于培养学生对英语的学习热情。我们可以通过家长会、个别交流等方式，让父母了解课外阅读的重要意义，让父母引导学生形成正确的阅读习惯和阅读观念。最后，在当今这个网络快速发展的时代，信息具有省时、直观、容量大的特点，这就为学生的阅读创造了一个宽广的平台，使其能够充分发挥其自身的潜能。因此，教师可以建议中学生进行英语格言、警句、幽默短文等多种形式的学习交流，让学生更好地了解并融入英语阅读环境。

（五）培养阅读习惯

养成良好的阅读习惯可以促进学生快速、积极地进行英语阅读和英语学习。因此，在英语课堂上，教师要不断地向学生强调，在中学生的英语学习上，要做的是掌握外语的人，而不要做为了考试成绩而学习的人。学习能力强的学生常常能从有限的语言材料中汲取养分，常常能以一种愉悦的心情轻松地投入阅读中去，懂得把注意力放在哪里、哪里需要细细地看、哪里需要快速浏览。

而学生要想提高英语阅读能力，就需要通过大量的阅读来提高词汇和句型的复现率，以便在反复的训练中及时消化和吸收知识。在目前的英语教材中，每篇课文的篇幅都不大，但是与之相匹配的习题集，尤其是阅读训练，却都要比课本上的训练量大很多，每个单元的课外作业都有3~4张纸，还有都是课文的拓展阅读，学生若不养成独立的阅读习惯，这些难度大于课文的阅读任务则是难以完成的。对学生进行有针对性的指导教学，让学生不仅对课文进行学习，还要对习题中的文章进行分析，从而形成一种增强其英语学习兴趣的积极有效的阅读方法。

（六）进行自我评价和监督

自我评价是指学生根据某种评价准则，对其语言的认识和使用能力进行分析和判断，从而实现对自身学习进行自我调节的方式。从心理学的观点来看，人们对事情的看法是能够进行自我调节的。学生既是学习的主体，又是对自身学习进行评价的主体。学生要学会学习，必须学会自我评价、自我监控，并积极地利用自己的学习战略来制订自己的学业目标和发展目标。在掌握学习态度、经验、方法的过程中，学生能够清晰地认识到自己在学习中存在的利弊，并适时地进行学习方法的规划与调整，从而提高英语学习的效果。在评价过程中，教师和其他学生的评价可以起到很好的辅助作用和补充作用，使得评价更加客观公正，有利于提高学生的学业水平。

影响阅读效果的主要原因有阅读态度、阅读兴趣、阅读动机和阅读过程。正确的学习态度和客观的自我评价是激发学生学习动机的重要因素。而中学生对于客观事物的态度是以其对事物的需求度来衡量的，所以教师要及时地掌握学生的学习态度，并对其进行适当的调整，才能使其取得良好的学习成果。

在阅读过程中，自评是一种训练学生进行自我反省的手段。首先，在教师的引导下，学生根据阅读目的进行阅读，并对阅读策略和方法进行反思与评估。其次，学生对自己的阅读活动进行评估，可以增强他们的自主管理和自主阅读能力，从而促进其自主学习。

在确立了阅读目标之后，学生要针对不同的学习目标，选用适合自己的阅读方法。教师也要针对英语教学中的差异，为学生提供相应的教学方法。例如，引导学生做阅读笔记，是培养学生阅读能力、积累知识、形成阅读习惯的一种行之有效的途径。阅读笔记并不只是记录书名、作者，而是简单记录何时开始读这本书、读了多久，再把阅读中的思想和对自身的感悟都写下来。每一本书读完以后都要结合自己的经验写总结，只有写出来才能加深对书的理解；也只有写出来，才能形成自己独特的看法。

当教师教阅读课的时候，可以让学生根据需要做读书笔记。通过这种方法，可以将学生的英语阅读和写作技能有机地联系在一起，从而有助于培养学生发现问题和解决问题的能力。比如，让学生把故事的结尾补充完整，就能充分地发挥他们的想象力，使写作不致流于空泛，也不如想象中那样高不可攀，而当他们发现自己也能创作出与作者同样的"大作"时，他们的自信感会得到极大的提升，获得一种前所未有的满足感和成就感。同时，这种教学模式和教学过程也需要教师对学生进行更深入的培养和教导。教师可以将自己看作学生中的一员，既是读者也是作者，将他们的作品和自己的作品进行对比，去发现同学中的优秀作品，从中挑选一些好的词语和句子，让其他学生去欣赏和评价。这样既可以提升学生的英语阅读水平，又可以增强他们的口语和写作等其他方面的技能，还能够大大地激发学生学习英语的兴趣。

另外，教师还可以引导学生通过英语摘抄本建立个人阅读档案，让他们了解自己的阅读方式，并进行相应的调整，让他们将自己的阅读想法和作业测试中遇到的阅读错题记录下来，提出相针对性的对策。同时，他们还可以根据自己的喜好收集一些具有哲理的、发人深思的、特殊的词汇、多种句型等。收集到的资料可以用作写作的素材，这样学生在练习中通过不断累积，能够有效地领悟自己的临摹造句技巧，并克服自己在作文中的空白。学生也能通过英语摘抄本掌握自己的学业情况，并为自己制订一个长远或短期的学业规划。其次，帮助学生了解自己的不足，并形成一套有效的自我监控体系。通过对自己学习情况的监控，能使学生了解自己的缺点和不足，从而增强他们学习的自信心和成就感。因为这种评价是由学生自行进行的，可以自我调节，所以这更能增强学生对英语学习的兴趣和责任心。

第五节 初中英语口语教学实践

一、初中英语口语教学的要求

（一）教学目标明确，具有一定教学效益

教学目标是指教学活动实施的方向和预期达到的结果，是所有教育活动的起点与终点。教学目标是一个多层面的目标系统，它可以划分为课程教学目标、单元教学目标和课时教学目标。本书所述的"课程教学目标"即为"课时教学目标"。一门课程能否取得某种教育成效，关键在于其能否满足人们对教育成果的目标要求。教学目标是对教育目的的具体反映，是对教学活动期望成果的表达。教师的教学目标是教师在教育过程中期望实现的学业成果的准则。为了使中学英语口语课得到更好的开展，教师的口语教学必须具有针对性。在课程设计上，既要贴近初中学生的实际情况，又要注重各个学生之间的差异性，还要充分反映教学过程的"生成性"与"创造性"。同时，要使教学目标与实际情况相适应，使其更具可操作性和评价性，也要促进学生个性的协调发展。

（二）教学内容联系生活实际，符合初中英语教学规律

学校教学、课程设置、技术教育等都要以学生个人、家庭、社区的生活体验为基础。英语课堂是学生学习英语的主要场所，因此教师在课堂上要创造更多的教学情境，使学生能够充分利用所学到的知识。而这个情境的创造大多来自学生的实际生活，要使他们真正体会到英语的实际意义和学习英语的意义。学生学过或背过的英语知识并不一定能得到正确的运用，因此教师要有效地指导学生运用课堂上学习到的英语知识，防止出现教学和应用"两张皮"、课上和课下不衔接的现象。

在进行英语口语教学时，教师应注重对"学"与"教"的认识。不能把注意力集中在如何传达和存储信息上，而应当更加积极地寻找获取这些信息的途径和思路。有学者曾经说，在学英语的时候，必须牢记：反复地读、反复地听。随意翻阅一次是没有任何意义的，学会了也是一种自我欺骗，只有把每一个单词都完整地说出来，才能实现英语学习的真正意义。学生学习英语后，要积极地交流，只有在开口说话时，才能把所掌握的知识转化成自己的语言，从而运用英语进行沟通，这才是学习英语的目的。

在初中英语课上，培养学生的语言应用能力已经成为非常重要的事情。所谓"授人以鱼，不如授人以渔"，即教会学生既有的知识，不如教会学生学习英语的技能。用英文翻译是："Give me a fish and I will eat today. Teach me to fish and I will eat for a life time."。教会学生学习的方式将会使他们受益终身。培养学生不断获取知识和技能的科学方法，是培养和发展学生素养的有效途径。在教学过程中，让学生学会使用英语，要比简单地教授给他们语言知识更加重要。

（三）教学方法灵活多样，通过师生共同参与创造性活动提高教学效率

有效的教学是建立人与人共同学习、共同提高的学习共同体。运用多种不同的教学方式，以最大限度地利用学生的主观能动性，从而达到提高教学效果的目的。主体性的课堂教学，教师和学生的互动是平等、民主、和谐的，在英语课堂上特别是在初中英语口语课上，教师和学生要积极地进行创造性的互动。这种课堂教学是师生共同参与、互相交流的一种多元

的学习方式，这种教学方式使教学变得更加自由开放，更富有情境感，更有利于学生的积极参与。在英语口语课的设计和编排中，应注重英语口语的练习与创新，充分调动和发挥学生的主观能动性，使他们在英语课堂中形成善于自主获取和使用知识的习惯，并进行创造性的思维开发。在英语课堂上，教师要培养学生的学习能力，培养他们的创新意识，培养他们的平衡感和丰富的学习体验。在初中英语教学中，民主、和谐、宽松的教学气氛，可以让学生获得愉快的学习体验，并能自由灵活地去探究新的事物，从而激发学生创新思维的火花。在开放式的教育架构下，教师只是一个辅导员，一个交流观点的参与者，教师的任务是把学生带入知识中，而非简单地单向传授知识。这种灵活多变的教学手段可以让英语的学习更加充满魅力，更能激起和维持学生对英语的学习兴趣，并在此基础上形成一种个性化的教学模式，从而提高英语课堂的教学效果。

（四）教学评价合理有效，具有一定的教学效果

教师的教学评价应该以"促进学生的整体发展"为目标，体现发展性、主体性和多元性的有机结合。教学评价要做到科学、充实，不能出现"一言堂"现象。在英语教学中，教师要不断地探索和创造各种评价方法和手段，包括生生互评、学生自评等多样化的评价方式。有效的评价可以使学生对英语的学习和英语口语的练习产生浓厚的兴趣，从而大大地改善英语口语的教学效果。英语口语教学效果主要体现在以下几个方面：第一，能够按时完成教学目标和任务，学生学有所得，各有发展；第二，学生的注意力集中，思维活跃，反应良好，师生配合默契，感情投入；第三，教师个人的提升与反思。

二、初中英语口语教学的提高途径

（一）突出目标教学，提高教学向性

1. 明确的教育目的

要实现高质量的课堂教学，必须建立切实可行的教学目标。英语教师应

认真钻研和掌握新课标对学生口头交际能力的要求，并按照学生语言学习的基本原则，确定初中三年英语口语的整体目标和每个年级的教学任务。根据学校的具体情况，针对不同班级和学生，进行相应的课程设置。

2. 强调口语的指导意义

要想提升学生的英语口语表达水平，绝非一件单一且轻松的工作，也不是偶尔为之就能完成的工作，英语口语教学离不开教师长久不懈的坚持和努力。在课堂上，教师要把口语教学的内容反映到课堂上，强调口语的指导意义。这并不意味着每节课教师都要进行大规模、密集的口语练习，而要根据课堂上的具体内容，灵活运用口语进行练习，如造句、对话、短剧表演、口头作文等。在此基础上，逐步培养学生运用语言的能力和英语口语表达的能力。

3. 掌握学生的学习情况

掌握学生的学习情况是制订教学目标的前提，没有学情分析的教学目标是没有根基的。学情是学风、育人的起点和落脚点。在实践教学中，对学生学情的掌握将会对教育的成效产生重要影响。英语口语课应着眼于学生的学情分析和适应性分析，没有对学生学情进行分析，任何讲解、操作、练习、合作、活动等都是教师一厢情愿，教学效果不佳，也会间接导致教学目标不能实现。

（二）密切联系实际，口语教学生活化

1. 创造一个现实的场景

英国著名的教育学者布鲁姆曾指出，成功的外语课堂教学应当在课内创设更多的情境，让学生有机会运用已学到的语言材料。在初中英语口语课堂教学中，教师要注重与学生的实际情况相结合，创造出生动的生活场景，把口语课变成一节生动的语言课。"创设情景"是通过有针对性地引进或创造具有形象特征的、具体的情景，把学生带到特定的课堂艺术境界中，使他们产生同样的情绪感受，从而在短期之内激起他们的学习兴趣。在英语教学中，教师要以实际情况为依据，或者以长久以来的习惯为切入点，创造一个新的教学环境，导出教学目标，调动学生学习的积极性，让

他们积极地投入英语的学习中。在英语口语课上，教师要根据学生的年龄特征和课程的内容，为学生创造一种能够激发他们英语学习动机的情境。

2. 生动的口语教育

教师在教学中要尽可能地将所学知识与生活相结合，创设贴近生活的教学情景，且主题要与学生的兴趣相适应。通过将所掌握的知识导入目标语言结构，使学生在学习新知识的时候不会感到难以逾越，反而感觉学习的过程就像是在田野里散步一样，轻松而又有收获。在特定情境中进行英语口语教学，学生的记忆力会增强或加深，同时在有意义的情境中进行口语练习，也能给学生留下深刻的印象并取得良好的学习成果。例如，教师设计一个家庭晚餐后的现实情景，让学生分别扮演父母、姐姐、朋友等各种角色，并以"Would you like to do something?"为中心进行对话。通过这种角色扮演的方式，学生不但能熟练地理解和掌握英语交际中如何礼貌地接受或拒绝对方的建议，同时也能深刻理解礼貌待人和说话委婉的基本原则。教师可以利用这个提示，再给出更多的动词和短语，让学生进行替换练习，明确"would like"后所跟的动词形式，并重复演练，加深学生印象，重点突出，富有实效。

"编故事"是提高学生英语口语表达能力的一种有效方式，趣味十足，对话场景逼真，并且每个人都可以参加，所以在初中英语教学中，大家都很喜爱这种教学模式。"编故事"一开始，教师可以按照目的语，先写一段开头的话，再由学生用自己的想象，用一条接一条的话来带动整个故事的发展。首先，教师可以设置一个场景，如"I think I am going to the movies tonight.（我要在晚上看一部影片。）"，然后要求学生使用"if"条件句，完成故事接龙："If I go to the movies, I won't finish my homework.（我要是去电影院，功课就没办法完成了。）"。在这种情况下，所有的学生都要仔细地观察上一个人的表现，然后才能继续讲下去。由于是临时拼凑，所以学生会把自己的经历说得千奇百怪、生动有趣，但正是因为这样，学生会对英语产生浓厚的兴趣，并积极参与英语学习中，这样就可以更好地提高其英语口语表达水平。

3. 英语口语教学的资源开发

在英语口语教学中，英语教材是最重要的资源。英语教材的选用要具有时代性、基础性、发展性、科学性、思想性等基本特征，要与学生的年龄、心理特征和认识能力相适应。英语教材要语言真实、内容广泛、题材多样，能够引起学生的兴趣、拓宽他们的眼界、提高他们的思考能力。在选择国外的教学资料时，也应因地制宜，结合我们国家的文化和实际情况对教材进行相应的更改或补充。

在英语教学中，如何有效地开发和使用课堂教学中的各种资源，是提高学生学习能力的一个关键因素。在众多英语教学资源中，除了英语课本，还应提供各种教学资料及辅具，以促进学生综合语言运用能力的提高。在英语教学中，教师不仅要充分地利用好教学资料，而且要尽量使学生从不同的渠道、不同的形式去接触和学习英语，并亲身感受和直接体验语言及语言的运用。

在初中英语教学过程中，要充分挖掘和运用其他学科的资源，开辟教与学的途径，不断开拓和创新教学方法，提高初中英语教学的开放性和灵活性。学校及教育部门要多为英语教学提供语音实验室、音响设备等教学设施，这些设施能为学生的学习提供有力的支持。基于此，教师可以充分运用信息科技及互联网技术，引导和支援学生积极地开展教学活动。在利用本地英语教学资源的同时，各院校也可以进行协作，分享英语教学资源和教学方法，从而提高地区性英语口语水平。

（三）完善管理机制，有效使用多媒体

1. 加强英语教学的组织

将严格管理与关爱教育相结合，是班级治理中一种较为完善的教学管理方式。在初中英语课堂上，教师面临的是一批正处于青春期的青少年，因此加强学生的日常生活教导是保证口语课顺利进行的一项重要措施。良好课堂纪律的形成，不仅需要强制性的规则，更需要学生的自制与自律。英语教师应该在教学中运用一定的技巧来控制课堂问题行为，如暗示、发问、幽默、创设情境等。而对学生的关心也是一种有效的管理手段，把教学与情感结合

起来，可以起到事半功倍的作用。在教学过程中，教师应积极指导，使学生树立起"学习是自己的义务"的观念，让他们以积极的态度对待学业上的挫折和失败。在课堂上，师生的关系不仅会影响教师的教学热情，也会对学生的学习热情产生一定的作用，如果不能很好地处理师生关系，那么也会对课堂氛围产生一定的负面作用。好的班级管理机制可以营造和谐的英语学习气氛，让学生愿意用英语来表达自己，同时让学生有足够的耐心去聆听其他同学的答案，从而达到提高学生口语水平的目标。

2. 健全教育行政体制

健全教师考核评价机制，突出教师在教育和教学中的激励效应。一是在实施考核评价时，应着重对教师的教学活动进行剖析和反省。而在进行考核评价时，要结合实际情况，制订相应的指导措施，对教师在教学中的探索和投入做出合理、公平的评价。二是要加强学校管理激励机制的创新，以激发教师的工作热情。比如，组织班级评优活动，评选课改明星教师、教师基本功的演示等，以此来激发教师的教学积极性。这是一种很好的促进教师反思和研究课堂的方式。三是聘用有语言教育资质的外籍教师。通过专门机构督导外教口语课堂，对外教口语课堂进行适当考核，督促外籍教师认真投入课堂，充分发挥其作用，实现真实的口语交际。

3. 多媒体的高效利用

在社会和科学技术飞速发展的今天，多媒体等现代化的教育技术被广泛地运用到了教学中。在此基础上，教师要善于运用现代教育技术，积极挖掘中学英语教学资源，拓展学生的学习途径，改善学生的学习方法，提高教学效果。一是关注学生的情感，调动他们学习的积极性，让他们在放松的心情中进行愉快的学习，让课堂教学变成一种让人愉快的、有趣的活动。二是在新课教学中引入多种形式的教学手段，充分调动学生的好奇心和求知欲望，从而促使他们主动地去学习。三是采用多媒体技术，把抽象的观念具体化、形象化，突破学习的重点和难点，真正实现教育的现代化。四是采用多种形式进行多媒体教学，拓宽学生的视野，提高他们的自学能力，发散他们的思维，激发他们的创造性，使学生取得更好的学习效果。

（四）创新评价方式，实现评价多元化

首先，评价以激发学生学习兴趣、反馈学生学习结果和促进学生成长为目标的。对学生进行教学评价，可以使学生发现问题，从而达到最佳的学习效果。教学评价不仅是一种合理的思维活动，同时也是一种激发学生积极发现问题、及时改正错误的情绪活动。课堂教育实质上是教师有目的、有计划地组织和安排学生进行有效学习的一项活动，因此教师要从教学的组织和安排中对其进行观察和评价。教师对学生进行教学评价，可以说是教师教育工作开展的一种有效途径，在实施教学评价过程中，应尽量减少使用烦琐、费时的评价方法。在评价过程中，应注重评价手段的多样化与灵活性，并根据初中学生的特征，采取行之有效的评价方式，使学生在不断的激励中有所收获。

其次，对初中英语口语的评价，不能仅以成绩来衡量，还要注重对学生能力的培养和素质的提高。英语口语评价作为一种测试语言能力的工具，同时也是一种对学生进行自我诊断和鼓励的方法。在教学过程中，教师要对学生英语口语的学习进行恰当的评价，既能有效地提升学生的口语能力，又能使他们对英语的学习产生积极的影响。在英语教学中，教师并不需要针对学生所犯的错误一一进行纠正。一是过多地强调错误会影响学生语言的流畅性和英语学习自信心；二是给学生再一次加深了错误的印象，很难真正改正错误。教师可以在课堂上对学生的某些错误做记录，并通过归纳的方式来间接地进行纠正。对于不善于表达的同学，可以通过提问和征求意见等方法来指导他们开口进行交流。因此，英语口语教学应注重引导，评价用语不能僵化，不能含糊，要考虑学生的心理承受能力和语言使用的精确度。

再次，创新评价方式，形成多种评价方式并行。教师要对学生进行有效评价，既能极大地提高课堂的教学效果，又能有效地增进师生之间的情感沟通。正确肯定的评价是一种促进教学效果的催化剂，也许教师的一次激励，就可能让一个人的人生发生翻天覆地的变化。

在初中英语教学过程中，教师要鼓励和肯定学生，而不是把注意力集

中在学生口语表达中的错误上。在英语教学的初期，要让学生学会用英语说话，增强学生大胆表达自己的信心。在课堂上要给予学生充分表达自己的机会，让他们运用英语来进行交流。教师需要给他们一个表演的平台，让他们去展示自己。

除了传统的教师评价，学生还可以进行自我评价和自我诊断。通过这种方式，可以让学生发现自己在英语口语方面的缺点，同时也可以使他们认识到自己的优势，建立自信心，培养敢于张嘴交流的能力，增强自主学习的意识。

小组互评也是一种不错的评价方法。通过小组互评，学生可以互相交流、互相沟通，互相了解对方的学习结果，进而形成合作意识。互动是沟通的中心环节，是双方或更多的人之间进行思想、感情和观点的合作交流，这种沟通对双方都有积极的作用。在小组互评中，学生可以互相交流自己的研究结果，从而培养学生的集体合作意识。

最后，将口语测试纳入期中和期末考试中，使其在英语教学中的位置得到提升，受到广泛关注。口语测试的方式多种多样。如朗读、背诵、看图说话、情景会话等，均可视为口语测试。如果有充裕的机会，可以安排一些类似"希望英语"的演讲，使口语测试更加有趣。口语考试的内容可以按照不同的班级进行，之后再进行一些有针对性的复习和巩固。教师在进行口语考试时，要尽可能避免与自己的学生接触，以确保考试的公平性。在考试中，教师可以通过询问学生口语表达的具体情况来考查他们是否熟悉教材，并强调口语表达的交际性。

（五）拓宽教师视野，培养复合型教师

要想把英语知识和优秀的英语口语能力结合起来，教师就必须有丰富的英语知识和卓越的英语沟通能力。教师的眼界不够宽广，就不能很好地指导学生去认识和理解这个世界。教师所掌握的知识不全面，很难要求学生能做到言之有据，表达有逻辑。英语教师要在教学环节中不断地加强对自身专业知识的钻研，培养学生终生学习的学习理念，学习各学科、各门类的知识，从而使自己变成一个具有深厚文化底蕴的综合能力较强的英语教师。

1. 英语口语能力是英语教师的最基本素质

在英语教学中，如果教师的口语水平较低，那么学生的口语能力则难以得到改善和提高。特别是在初中阶段，英语教学的基本情境是以课堂为背景、以教师为主体的。在英语教学中，教师的口语表达能力不但对学生的听力有很大的影响，而且还会对语言应用产生很大的影响。

目前，我国的办学条件不均衡，难以保证所有的中学均有外教，更难以保证所有的中学英语教师能够到国外去接受英语培训。很多学校通过使用少量的教学辅助教材来提升初中英语口语教学的整体水平。此外，学校也可以视具体的形势，安排英语教师参与口语训练或竞赛等活动，给教师施加外力，从而使教师自觉地提升自己的口语水平。

在英语教学中，教师应该尽可能地使用英语进行教学。教师要养成讲英语的好习惯，才能通过言语和行为来培养学生的口语交际能力，让他们养成随时说英语的好习惯。教师的用词要简洁明了，发音要饱满，更要有表现力。在平时教学中，教师要注重英语口语的使用，这样不仅可以提高教师的口语表达能力，还可以让学生更多地了解英语的实际应用价值。

2. 加强母语的学习是所有英语教师不容忽视的基本素质

在英语教学中，英语教师除了要掌握英语的基础知识，还要掌握汉语的相关知识，这一点往往被教师所忽视。中文水平低的英语教师在进行英语教学时，难以正确地将两种语言的特征和差异传达给学生，这会使课堂的教学效果受到很大的影响。英语教师中文能力强，可以让学生在学习英语知识的同时，对汉语的学习目标有更深刻的认识，加强他们对祖国的深厚情感，也更容易让他们产生一种强烈的爱国主义情怀。英语教师在不断提升自己英语能力的前提下，更要注重对自己的民族文化的深刻理解，运用好自己的双语能力，正确地寻找出适合自己的恰当的英语表达方法，以促进学生对不同语言文化的了解和思维的发展。

3. 掌握一定的现代教育技术是英语教师需要具备的职业素质

在初中英语课堂中，适当地应用现代教育技术可以促进学生听、说、读、写能力的培养，有利于突破教学的重点和难点，拓展学生的知识广度，激发学生的想象力，增强学生的阅读能力和记忆力。初中英语教学应具备一定的现代化教学手段，合理利用各种视听资料和图片资料，最大化地提高课堂教学效率。

第六节　初中英语写作教学实践

一、初中英语写作教学的实质

（一）初中英语写作教学是一种以学生为主体的对象性的教学行为

实施高效的课堂教学关键在于以学生为主体。在写作教学中，教师要具备教学对象意识，要确认学生的主体性，要知道运用适当的教学设计方法，合理安排学生的学习时间和活动，使他们远离冷冰冰的书桌，更好地发挥他们学习的自主性、积极性和自觉性。写作课堂教学不是独幕剧，教师的实际任务就是要当好这堂课的组织者、引导者和参与者，这也是初中英语写作教学的起点和依据。

（二）初中英语写作教学是一种以学生的进步与发展为目标的教学行为

从"完人"的观点看，教育要以学生的全面发展为前提，要格外注重学生的全面发展，而教师要坚持以学生的发展为本，一切以学生的将来为中心，绝不能一味地忽视学生的个体差异、个体特长等，也不能以单方面的方式影响学生的发展。学生的发展是一个完整的人的发展，关注学生的发展是初中英语有效教学的核心特征。在此阶段，教师的教学活动要以教学目的为中心，以实践为导向，每一个教学活动的设计都要符合教育的目的。而在初中英语写作教学方面，学生要在初中毕业前，要达到课程标准中的第五级目标，也就是学生要具备以下几个方面的素质。

首先，学生要清楚自己的学习目标，要明白英语写作的目的在于与人交流。就作文来说，其功能在于通过文字的表现，使人们了解其所传达的基本的思想和意向，从而实现作者与读者之间的有效沟通，它是作为一种交际的媒介出现的。

其次，学生要对英语的写作有强烈的渴望和浓厚的兴趣，并愿意参加各类英语写作活动，体验英语写作的快乐。在拥有学习写作兴趣的基础上，在小组活动中主动地发表意见和建议，并学会与别人配合，以共同完成英语作文的相关学习。

最后，在英语教学过程中要坚持"学在其中，乐在其中"的基本原则，积极探索英语写作中的句型和语法特点，并尝试练习仿写，从而创造出自己独特的、有效的写作方法。

在此基础上，有效地运用各种教学资源，促进学生对不同民族之间的不同文化的了解和认知，提高学生的人文素质，使其智力、实践能力和创造力得到进一步的提升。

（三）初中英语写作教学是一种专注课堂教学效益的教学行为

在这一阶段，教师要掌握好设计时机，适时地调控课堂教学效益。不能认为用最少的课堂或课外时间教授最多的教学内容就是最有效益的，因为教育的效果并不全在于教师所传授的知识的数量，而在于教师所传授的东西有没有被学生学到，有没有被他们所接受。这里所说的"效益"，可以通过我国的相关学者的研究结果加以了解，如《论教学的有效性及其提高策略》这本书从经济学的角度对有效教学进行了阐释。要想使英语写作教学更加有效，要根据教学的客观规律，尽量减少时间、精力、物力的投入，以最大限度地发挥其作用，从而达到具体的教学目标。

初中英语写作有效教学是教师的一种可量化的、能够反映教师工作绩效的教育活动。每一位学生都有自己独特的性格，当在学习中遇到压力时，他们就会想要找一个宣泄的渠道，而写作就是一个很好的方法。通过使用文字和符号向教师传达他们的心理压力，从教师那里获得答案或意见。在教师看来，这样的教学活动才能体现出教学的实效性。然而，就英语写作的教学目的而言，初中英语教学目标中的情感教育目标在这里可以得到补充和延伸。教师可以将学生的情绪和情感，通过一张专业的图表进行记录，进行量化，将程序和效果结合起来，并以此来作为考核工作的结果。

二、提高初中英语写作教学的策略

（一）提高初中英语写作教学的微观策略

1. 写作活动的开展方式上，多样化取向是趋势

写作活动其实就是为了实现某种教学目标而实施的行为，它是实现教学目标的过渡值，每个教学目标的实施和执行都必要地在各种教学活动中得到开展。在教学过程中，教师可以有效地激发学生的学习兴趣和主动性，使各种学习任务在教学过程中被分解，并通过编程过程来反映和体现学生的学习水平和学习成效。既然我们都知道学习有个体差异性，所以不可避免的，活动的开展也应该是一种多样化走势。

2. 写作教学的内容选择上，生活化与主题化相结合

写作的目的就是让人去读，所以写的内容就有必要符合读者阅读的真实需要，以此达到有效交际的目的。所以，教师在开始布置写作任务前，应根据学生的兴趣爱好、能力水平和实际情况，组织讨论写作主题，尽可能地使写作主题真实化，实现"写作话题走进生活，生活进入写作话题"，毕竟英语写作不是形式化的练习，而是有意义的交际活动过程。

3. 写作教学评价上，多样化评价方式是趋势

学生的写作成品各不相同，不同的学生对作文的理解能力和实践能力也不尽相同，所以多元的作文评价方法才是真正的高效率的教育。对作文进行有效的评价，既要给予他们肯定和鼓励，又要对其具体内容、风格和结构等问题进行深入的探讨。这种方式能够使学生在进行作文反思的过程中，既充分地表达自己，还力求准确理解对方，并利用自己的语言技能来应对教师的提问。在这个评价过程中，教师可以采取"自评""互评""师评"等教学评价方式，在课堂内外实现学生写作学习成效的真实反馈，为教学进度的协调起到导向作用。

（二）提高初中英语写作教学的宏观策略

1. 有效课堂教学准备策略

教学准备战略的提出主要是从教师的角度出发的，是教师在开始课

堂教学之前要做好各种准备，如：对教学目标的清晰理解，教学材料的准备，学生的研究，教学内容的确定，教学行为的选择，教学的组织方式，教学计划的制订，教学计划的编制，等等。笔者就如何做好英语写作教学工作提出了一些参考性的意见，具体如下。

第一，清楚理解教学目标的三维取向。教育目标要具备层次性、弹性和发展性。在进行教学活动前，我们应该认识到，教师的教学目的应该是有层次性和灵活性的。同时，对教育的目标的认识也应该以"人本主义"思想为导向，使学生学会认识、学习做事、学会共处、学会生存；要注重对学生创造性思维与动手能力的训练，也就是说教师要将教学作为一种融知识与技能、过程与方法、情感态度价值观为一体的完整的教学。

第二，深入研究学生和理解学生。对学生进行调查是为了了解他们现有的知识背景、能力水平、智力类型和学习方式。在此阶段，为了更好地走入学生的心理世界，就必须对他们进行"移情"了解，并对他们的各种价值观念、兴趣等充分地尊重。因此，对学生的信赖与期待，也就是说教师要学会差异化地调整适应每一名学生。

第三，对教材进行"二次开发"，以达到教材和其他课程教学内容相适应的目的。在信息快速更新的今天，教师要学会发现、开发、制作、整合教学资源，让使学生尽可能从不同渠道、以不同形式接触和学习英语，如英语广播、英文影视、录音、视频、网络资源、报纸等，都能成为学生学习英语的好素材。

第四，选定教学内容。新课标下的初中英语教学内容中的语言知识包括语音、词汇、语法、功能、话题等方面的知识，而语言技能主要包括听、说、读、写等技能及各种技能的综合应用。教师在备课过程中，要掌握课程的总体架构，确定课程内容在课程系统中的位置和作用，确立内容之间的有机联系，使课程的情境和生命活动得以真正体现。同时，也要确保教学内容和教育目的相适应。

2. 有效课堂教学实施策略

课堂教学的实践是一种以学生为中心，在遵循教学目的的前提下，运用适当的方法和手段，以良好的方式引导学生的学习的手段。在这方面，我们要特别关注以下几点内容。

首先，利用各种方法来提高英语的学习效率。在此阶段，教师需要运用图片、游戏、语言、实物等手段，创造一个英语学习的好环境，营造一个英语学习的气氛，并适时地进行情境式教学。

其次，结合教师的实际情况，将教师的任务化的教学方式与方法结合起来。针对不同的课程和学生的实际状况，结合其他的教学方式，以学习为主，以任务为核心，通过各种形式的语言任务来学习、体验和掌握语言。

最后，强调学生在教学中的主体作用，引导他们主动、有效地参加和促进教师和学生之间的交流。在当前的"主体"思维指导下，教师要使学生能积极主动地投入课堂，这样的教学才会行之有效。同时，我们也应认识到，以"学生主体性"的课堂教学不仅没有使教师的身份下降，反而要求教师的整体素质得到提高，而且有利于教师自身的发展。

3. 有效课堂教学评价策略

教学评价策略主要是对课堂教学活动过程与结果作出一系列价值判断的行为。这种评价策略可以使教师在教学过程中发现问题，从而及时地调整教学内容、教学节奏，进而实现良好的教学效果。

首先，教师要树立发展性评价观念。教师既要注重学生的学业成绩，又要注重学生学习的整个过程，以实现对学生学业成绩与学习素质的评价。在教学评价过程中，要对教师的教育行为和结果进行价值评判。

其次，坚持评价主体和评价方法多样化。教师评价、同伴互评、自我评价等多种形式的评价方式，使教学评价对象更加多元化。其中课堂学习活动评比、学习效果自我评价、问卷调查、访谈、家长反馈学生学习情况、平时课堂测试等多种形式的评价方式都是形成性评价的有效方法。

4. 有效课堂教学主体性策略

有效教学的目标是实现学生的全面进步与发展，但绝不是说教师就与有效教学没有关系，教师的努力和科学有效的教学方法是达到有效教学目标的先决条件。在此层面上，我们对主体战略的反思依据是争当"有效教师"与"有效学生"，尽力实现"有效的师生关系"的协调发展。

"有效教师"是指那些可以保证教学有效性的教师。这种类型的教师不仅要有普通教师的教学水平，还要有一定的人格魅力，他们要能够对学生的心理和行为进行有效的调节和改进，并且自身具有良好的教学目标实施力。从管理的观点来看，有效教师能够运用有限的教育资源和方法来实现各种教学目标，体现出策划、指导和协调等综合素质，具有更强大的研究与开发力量。

"有效学生"是指能够在课堂上积极参加各种活动，善于全面、能动性地发掘自身潜能，从而获得持续发展和提高的学生。优秀的学生必须具备较强的学习动力，只有激发学生学习的动力，提高学生学习的自主性和积极性，才能使学生获得较好的学习成果。高效能的学生必须有较强的学习执行力，有清晰的学习目标，有一定的学习策略，有较强的学习监控和自我监控的能力。让学生对自身进行有效的监督与调控，是使其达到预期学习目标的根本所在。

三、提高初中英语写作教学的方法

综合上面的策略论述，本书还针对如何有效地提升初中英语写作课堂的效果进行了探讨，希望能够在英语写作教学中得到应用。以下是关于这些问题的讨论。

（一）在目标分层教学思想指导下，注重对学生写作的基本功训练

在初中阶段，掌握英语的词汇量、句型结构、语法等方面的知识，可以进行一些比较简单的句子和篇章的编排。学生在写作时，内容总是在发生着变化，但是不管文章的内容如何改变，基本的语法都是不变的。所以在英语写作课上，教师一定要加强对学生多种基础写作能力的教学，如语法、词汇等的教学。从目标分层思想出发，写作教学应该围绕文本展开，由易到难、由浅入深依次进行。

1. 由词到句

由词到句就是从"词汇积累"到"句式积累"，这个时期的重点在于"单词的学习"。首先，单词、词组、习惯用语、句式等都是教材的重要组成部分，因此要根据课时进行词汇听写和强化训练。在重点句型上，教师要对每个重要句式进行分类，"读熟"各个重点句型。其次，进行词组和句式的组合。在课堂中，教师要引导学生练习单词、短语和句子。在课堂上实行分层教学，根据不同的教学目标，提高学生的写作水平。最后，通过英译汉、汉译英等基本的训练组织学生进行英汉互译等实践活动。强化学生口语和书写的综合性培训，激发学生的英语思维，使他们的语言表达水平得到提升。

2. 由句到段

中学生在英语学习的初级阶段要进行小段落的写作训练。在初中英语写作教学中，写作的教学重点应该放在段落与段落之间的时态差异、句型变化、转换句型等方面。到了初中毕业年级，写作教学更加侧重写作体裁、格式、写作方法、复句的正确使用，并要注意文中中西语言的差异。

3. 由段到篇

由段到篇即把所给出的语句组织起来，使其内容清晰明了、含义清晰。要促使学生能够进行大量的读书活动，使他们能够在一定程度上形成自己的写作语言，从而使其能够在一定程度上提高自己的英语水平。让学生通过对各个句子的认真阅读，掌握其基本内涵和写作后的主旨，明确其在内涵上与各个段落之间的密切关联，如人物、实物、环境、时间、地点、动作等，尤其是明确段落之间时间和空间的关系。

4. 各种体裁文章的训练

要练习包含记叙文、说明文、议论文，以及日记、通知、假条、信件、电子邮件等的写作格式。在实践教学中，教师要结合教学进程和学生的实际状况，及时解释各种文体的书写方式和特征，并有计划、有针对性地进行写作培训。在进行写作教学时，要从常用文体入手，从短文到长篇、从浅到深、分层次进行教学。

（二）借用美文赏析，提高学生语言输入信息质量

在实际的教学中，教师要有选择地挑选适当的作文范本，以赏心悦目的方式向同学展示；在范文的精妙之处，教师要启发学生进行剖析和领悟，让他们了解好的文章在选词、衔接、表达等方面的技巧。

在教学过程中，应注意以下几个问题：①在选择范文时，要注重题材的多样性，选择小说片段、习作范文，乃至诗词都可以；②注重培养学生学习的积极性和主动性，培养他们对范文的结构和措辞的提点能力；③注重教师和学生在课堂上的良性互动，从而使参与式教学得以有效地进行。

（三）开展语境教学，开展多样化活动，提高写作教学的灵活性

在英语教学中，教师可以根据上下文来掌握词汇的规律，合理地安排课时，把词汇的记忆转化为一种能让学生产生成就感的教学活动。而那些有特别意义的词汇，则可以设置在特定的环境下让学生进行理解和记忆。熟练地掌握英语单词，是实现灵活书写的基本条件。情景创设可以使学生通过写、说、译等把自己所掌握的词汇知识转化为实际的词汇运用能力，而语境化的词汇教学也能够为英语写作教学奠定坚实的基础。当然，语境是以多种形式的写作教学为基础的，我们将从以下几类课堂活动中加深对语境教学的理解。

1. 小规模的课堂教学

让学生把自己喜欢的主题写在一张纸上，并把它传给其他的学生。在收集完所有问题后，让学生进行讨论与交流，以增强其写作技巧。在课堂上，学生可以用自己所学的知识来表达自己的想法，互相交流，从而增强其思考和沟通能力。

2. 故事接龙

课前确定一个故事的开头，让学生能够充分发挥自己的想象力和创造力进行下文的编写。本课程以小组研讨为主，再由教师综合分类、整理、呈现，以实现师生之间的积极互动与沟通。

3．习语、谚语小竞赛

在课外，教师可以从英语习语、谚语中选择、摘录、抄写与不同主题相关的范文。在写作课程中加入一个小型的比赛，可以使学生更加深入地认识到不同的文化，并提高他们学习英语的积极性和热情。

（四）写作训练与其他形式的训练有机配合，提高学生语言综合素质

读书可以促进写作，因为对学生来说，他们的生活经验和生活知识，基本上都是通过大量的阅读来获得的。阅读不但可以丰富学生的思维，还可以积累他们的语言知识。

"You ought to read very carefully. Not only very carefully, but also aloud, and that again and again till you know the passage by heart and write it as if it were your own." 从这个短语中，我们可以看出，写好作文的先决条件是要把原文的意思梳理清楚、熟稔、明白，才能把它背下来，即"熟读"。要想写出一篇好文章，就必须多读，这是所有写作活动进行的前提。此外，除了阅读，也应该看到其他语言训练形式的有益补充功效，比如，写作与改错、写作与完形填空等各个专项语言能力的训练对写作教学均有很大的影响。

1．写作与改错

教师在阅读完学生的作文后，对作文中常见的错误要进行归纳和整理，构成一篇文章。这个练习可以让学生对自己的作品有一个清晰的认知，让他们有一种成就感。

2．写作与完形填空

把填空内容设计为衔接词，可以促进学生对连贯词语的自觉运用，从而提高作文写作的质量。

我们可以看出，在写作前进行纠错和完形填空的练习，对于增强学生写作的信心、提高写作的自觉意识、加深写作中词汇和句子的结构理解具有很大的促进作用。当然，在听力练习、口语练习、翻译练习等方面，写作能力的培养也是必不可少的。他们是一个"综合体"，是一个有机的、不可分割的整体，只有对学生进行多方面综合训练，才能使学生的英语综合素质与能力得到全面的提升。

（五）实施合作学习，互评互改、以评促改，开展交流式的写作评价

在写作教学过程中，学生可以互相交换自己的作文，讨论、修改、润色他人的作文。学生间可以通过倾听、讨论、互动，拓展写作思维，增强自身作文用语的准确性。

教师可以让学生在适当的时候就所交换的作品进行点评，使他们的作品能够被更广泛地阅读，使学生能够互相学习。教师要适时给予学生恰当的提示，如运用了哪些高级词汇、上下段落的衔接是否自然、条理是否清楚、文中所使用的高级结构有哪些、语言是否规范等。师生在评价时必须树立一种发展性评价的观念，不仅仅关注学生学习的结果，还应关注学生学习的整个过程，使学习过程的评价和学习结果的评价和谐统一。

第六章 初中英语课堂教学评价

第一节 教学目标评价

一、课堂教学目标评价的内容

（一）课堂教学目标预设

课程教学目标的设计要合理。从知识、能力、思想情感等多个层面入手，目标的制订要具有综合性。知识目标要有量化要求，能力、思想情感目标要有清晰的要求，能够反映专业特色。在新课程标准的指引下，既要适应学生的实际情况，又要遵循认识的规律，还要做到难度适中。

（二）课堂教学目标达成

课堂教学目标的表达要清楚、具体。教育目标要清晰地体现在教学过程中，教育方法要与目标密切相关，以实现目标为目的；课堂上的教学目标说明必须具备可观测性和可操作性。

二、课堂教学目标评价的方法

课程的教学目标是为后续的教育而设置的，即"事前评价"，根据此功能，主要依据的是诊断性评价（diagnostic assessment）。

诊断性评价的重点：学生前一阶段学习中知识储备的数量和质量；研究对象的个性特征、学习风格、能力倾向及对专业的看法；对在校生活、学业态度、身体状况、家庭状况等进行分析。通过上述分析，教师可以对学生的预习能力进行评价，从而判断他们能否达到目前的教学目的。此外，教师应针对个体发展中存在的特定问题进行分析，以便在制订课程目标时添加相应的纠正手段，从而实现对不同类型的学生进行针对性的教育。

第二节　教学理念与设计评价

一、教学理念评价

新的课程标准所反映的是新的教育观念。在进行教师教育观念评价时，教师必须明确其实质。课堂教学是师生双向互动、交流、动态变化的一项活动是一种学习行为，因此活动的主体应该是学生。但是，教师组织的有目的、有计划的学习行为，是一种特别的学习行为。在进行这种教学的过程中，教师需要采取一切有利于学生学习活动的手段。

在对教师教育观念的渗透上，主要通过教师在教学中是否体现了以下几个意识来进行评价。

（一）整体意识

在课程设计过程中，要把基本的知识与基本技能、过程和方法及情感、态度和价值观三者有效地结合在一起。

（二）应用意识

在课堂教学过程上，要主动倡导"为用而学"。要注重实践，要以符合"人"的认识规则为基础，有针对性地提高学生的应用意识，培养学生自觉地运用知识解决问题的能力。

（三）创新意识

在进行课堂教学之前，教师必须对所遇到的问题进行独立的反思与探究，这样他们就可以根据自身的实际情况来制订适合自己学生的教学方式，做到"推陈出新""有创意"。教学要与时俱进，要顺应时代发展。

（四）主体意识和服务意识

课堂教学是一个由师生共同参与的双边活动，教师和学生分别扮演着不同的角色。其中，学习的主体是学生，他们是知识的主宰者；作为学习的组织者、指导者和合作伙伴，教师的领导作用主要体现在学生的自主探索和学习中。在教学中，教师要密切注意学生的学习状况和学习风格，并给予适当的引导和指点。

（五）效率意识和训练意识

课堂的教学效能是体现课堂教学成效的一个关键因素。在课堂教学中，教师要自觉地将单位时间最大化，以保证教学活动严密紧凑，并针对性地安排好训练的时间和练习量。

二、教学设计评价

（一）体现整合度

整合度是指教师对文本和学生、教学手段的熟练掌握程度。若不考虑整合度，对课堂所做的评价就不够客观。就像是一节看似有趣的课程，很有可能会让学生失去学习的热情。好的课堂设计能够处理好重难点，也能合理地过渡衔接。一节好的课程应当在平实中体现出创造性，在平实中体现技巧。这样的教学方法，可以最大限度地反映教师对文本和学生、教学手段的熟练掌握，就能体现出课堂的整合度。

（二）体现参与度

参与度反映了学生的主观能动性，反映了他们在教室里的思想活动，反映了他们的学习态度。要使师生的主体性和能动性得到协调发展，就必须解决好课堂思维活动的深度和广度。只要教师发挥了主导的功能，把学生的主体性思维引入课堂中，不管学生的外部行为如何，都可以使课堂具有实质上的活动意义。

（三）体现练习度

练习度是指学生将所学的理论知识应用于实际问题中，并将其有机结合起来的能力运用程度。一堂好课应该包含对以下几种练习的操作：一是预习练习的验收；二是课堂练习的操练；三是矫正性练习的反馈；四是课后练习的布置。课外实践活动是为了加强对"双基"的掌握，培养学生迁移和应用知识的能力。

（四）体现自由度

自由度是衡量师生共同营造的氛围民主和谐性的标准。教师可以用热情影响学生，让他们的学习变得更加民主、和谐、放松和自由，这样才能取得更好的教育成果。

（五）体现拓展度

教学设计评价体现拓展度，要求教师通过强化学生对课程的深刻理解，加深对课程学习的认知，培养学生的求知欲和学习的积极性，树立一种科学的思考方式和研究方式，以增强学生对问题的认识和解决问题的能力，促进学生均衡而有个性地发展。

第三节　教学过程与方法评价

一、评价内容

（一）教学过程评价的内容

1. 教学方面

教学方面的评价内容：课堂教学结构设计合理性，思路清晰度，教学与知识的内在逻辑体系和学生的认知规律贴合度，教学环节主次关系。

2. 师生方面

师生方面的评价内容：师生在课堂教学过程中情绪饱满程度，互动积极性，课堂气氛，信息沟通交流与情感交流，教师对学生活动面的调控。

3. 学生方面

学生方面的评价内容：学生在课堂教学过程中，意志、气质、性格等个性品质的培养；克服学习困难的能力；自制力的锻炼；遵守课堂纪律的品质的培养。

（二）教学方法评价的内容

1. 教学方式的选用

在课堂上，教师可以恰当地选用各种各样的教学方式，并能进行灵活的使用。

2. 教学理念的奉行

在任何时候都坚持启发式的教学理念，并能有效地激发学生的主体性和积极性。

3. 教材、教育媒介的使用

教师要按照教材的要求，对教材进行标准化的讲解，合理地选用教材、适当地使用现代化的教育媒介。

二、评价方法

在初中英语课堂教学中，可以采用形成性评价法来评价课堂教学的过程和方法。形成性评价是对学生在课堂上的表现、成绩、情感、态度、策略等方面的发展做全面的评价。形成性评价贯穿课堂教学与学生学习的全过程，它的主要目标在于及时掌握学生的学习情况，并为其提供及时、有个性化特征的反馈，以便教师对教学过程和方法进行调整和改善，从而使学生更好地学习，提高教学效果。

形成性评价的核心是通过灵活、多样的方式获取学生在学习过程中的相关信息。获得信息的途径有课堂观察、课堂提问、小组讨论、测验、课堂作业、师生对话、自我评价和互评等。形成性评价还可以采取终结性评价的一些形式，如纸笔测试。不论采用何种方式，教师都应及时有效地记录信息，并给予反馈和辅导。教师的反馈要尽量做到有针对性，让学生了解自身的进步，同时也要让他们了解自身的不足，以便更好地引导他们进行正确的学习。在实施过程中，教师可以对学生的学习状况进行及时的评价和反馈，同时还可以安排与平时的课堂教学活动类似的评价活动，使学生能够更好地掌握学习进度，并给予他们个性化的反馈和辅导，从而使他们更好地发挥自己的作用。下面就形成性评价获取信息的方式进行阐述。

（一）量化评价

1. 调查表

在学生学习某个课程前进行一个简要的研究调查，形成量化评分调查表。

2. 评价量表

评价量表主要是对学生学习态度、学习方法、课堂参与、学习计划和监督等方面的综合评价。

（二）质性评价

1. 优秀作品

学生在课堂上展示自己的优秀作品，说明其在学习过程中取得的成果，如研究性论文、小制作等。

2. 概念图

概念图用来归纳学习的重难点、语言知识技能、知识技能之间的联系等。

3. 录音或录像

对学生在课堂上的表现进行录音或录像，并对其在交流中的优点与缺点进行深入剖析。

4. 成长记录

成长记录主要收集不同类型的学生在课堂上创作的作品，展示他们的学习过程和成果。

5. 教师观察

通过对学生在课堂上的学习情况的考查，了解学生学会了什么、学生对具体课堂教学活动的喜爱程度等。

6. 读书笔记

通过读书笔记学生在读的过程中，能够学习如何用自己的思想来表达自己的观点，提高自己的英语写作水平。

7.　访谈

师生访谈能够使教师更准确地掌握和评价学生的学业情况及需要。

第四节　教学效果评价

一、教学效果综述

教师在教学中取得良好的教学效果要做到以下几方面：

第一，在指定时间内，按要求完成教学任务。教学容量适度，课堂效率较高，学生思维活跃，气氛热烈。

第二，达成课堂教学目标。在知识、能力和情感目标方面，各层次的学生均取得了较大的进步。

第三，充分发挥课堂教学的作用，使学生在课堂上能学到更多的知识，能使他们更容易地掌握所需的知识，并能在课堂上完成需要回答的问题，使他们能够更好地学习英语。

二、终结性评价

终结性评价是中初中英语课堂教学的重要组成部分。

（一）终结性评价的含义

终结性评价是对某一特定的教学行为进行的一种评价，也称为"结果评价"或"事后评价"，其作用在于对学生进行评估和验收。

（二）终结性评价的功能

第一，考查整个学生群体或全体同学的发展程度，为各类选拔和评优提供参考。

第二，总体把握学生掌握知识、技能的程度和能力发展水平，为指导教师制订下一步的教学计划奠定基础。

第三，对学生的学习提供反馈并起到推动作用，激发或促使他们改正错误，改善他们的学习方式，从而为新的学习目标奠定基础。

（三）终结性评价的方式

终结性评价通常采取的是测试方式包括口试、听力和笔试三种。

1. 口试

口试既要考查学生的语音、语调、表达的流畅度和理解度，又要考查学生的交际策略、跨文化意识和表达方式。口试应尽量采用教师与学生面对面的考试方式，包括朗读、图片讨论、描述、角色扮演、情景交际、小组讨论等。

2. 笔试

笔试包括听力、语言知识、阅读理解、作文书写。听力通常采用判断正误、填空、排序等形式；语言知识一般采用单项选择和完形填空等形式；阅读理解除一般理解性问题外，还可以让学生进行改写、续写、发表评论等；写作可以分为实践写作、命题写作和随笔写作。但在实际试题的编写中，要注意不能只考查语音知识和语法知识，要增加应用性和开放性试题的比重。

（四）终结性评价的注意事项

终结性评价应具有综合性和多元化的特点，既要重视教学成果，又要重视与形成性评价相结合。

三、语言测试

（一）语言测试的意义

在英语学习中，语言测试是英语学习的一个关键部分，也是最能反映英语学习成效的一个重要环节。通过语言测试，教师既可以了解学生英语学习的情况，也可以对自己的教学进行自我反省，并作出相应的调整，以期达到改善和促进教学的效果。通过语言测试，学生能够在课堂上不断地感受自己的进步和成就，从而判断自己的外语水平，了解自己，树立信心，使自己的语言综合应用水平得到提高。从学校层面讲，可以通过语言测试及时掌握英语课程的实施情况，提高教学质量，从而推动英语课程的持续发展与提高。所以，无论对学校、教师还是对学生来说，语言测试都非常关键。

（二）语言测试的类型

1. 根据测试目的划分

（1）成绩测试

成绩测试的目的是对一段时间内学生所学知识的掌握程度进行评价。成绩测试的范围是本课程所学习的知识。成绩测试有期中考试、期末考试等。

（2）水平测试

水平测试旨在评价目前学生的英语能力是否能够适应新的学习任务或新的工作。水平测试的区分度较高，能够区分不同水平的学生。举例来说，托福（TOEFL）和大学英语四六级考试（CET 4 and CET 6）都是水平测试的一部分。

（3）潜能测试

潜能测试主要用于对学生进行英语学习能力的评价。最具代表性的是学术能力倾向测验（SAT）和留学研究生入学考试（GRE）。

（4）诊断测试

诊断测试旨在对学生进行诊断与剖析，找出其不足之处，使其能更好地进行学习的规划与改进。

（5）结业测试

大多数结业测试都比较重视考试流程和考试的形式。它的内容可以是对所修科目的分数进行考核，也可以是普通语言能力的测验。

2. 根据测试评分方式划分

（1）主观性测试

主观性测试的答案并不是统一的、绝对的，同样的问题，也可以选择其他的答案，如简答题、材料分析题、作文题等，分数的高低主要是看考官的主观评判。在大型选拔考试中，主观性测试的使用往往会降低考试的可信度。

（2）客观性测试

客观性测试具有客观、确定的性质，不会因阅卷人的不同而不同，如选择题、判断正误、连线搭配、填空等。

3. 根据测试参照标准划分

（1）常模参照性测试

常模参照性测试主要用于选拔、编组或编班，它是以学生在小组考试中的平均分数为基准，描述某个同学在群体中的地位，将学生分类排队。

（2）标准参照性测试

标准参照性测试主要用于了解学生对某单元的知识、技能的学习和掌握情况，以学生是否达到了特定的标准作为评价标准，评价学生是否合格。

（三）语言测试的评价标准

为了保证语言测试的合理性和有效性，语言测试应按照一定的标准来设计，其结果往往被用作评估教师水平、教学效果和教学质量的重要依据，也是用来对学生进行评估和作出决定的重要依据。评估语言测试的标准主要有信度、效度、区分度和难度。

1. 信度

信度是语言测试本身的可信度和评分的可信度。如果学生在同一时间进行相同的考试，其得分相近则表示信度较高；如果分数差距过大，那么这个信度就较低。

2. 效度

效度是指测试是否可以正确地反应测试内容的程度。测试的效果和被测试的题目越吻合，则效度越高，反之亦然。效度由表面效度、结构效度、内容效度三个方面组成。

（1）表面效度

表面效度指测试应符合卷面标准，也就是说一套测试题从表面来看是否合适。比如，在初中英语听力考试中，出现了大量的考研单词，可以说这次测试缺乏表面效度。表面效度是衡量考生水准的一个重要指标。

（2）结构效度

结构效度就是测试的结论能否证明或说明理论中的假设、术语、概念。

（3）内容效度

所谓的内容效度指测试是否测试了应该测试的内容，或所测试的内容是否反映了测试的要求，即测试的代表性和覆盖面的程度。比如，在一次英语口语能力考试中，仅考查了音素的发音，没有涉及重读、语调等内容，则该测试的内容效度较低。

3. 区分度

区分度是指测验对学生不同水平的区分程度。区分度高的测试，能将不同水平的受测者区分开来，水平高的受测者得分高；若水平高和水平低的受测者得分没有明显区别则该测试的区分度低。

4. 难度

难度就是测试题目的难易程度。当大多数人都能回答正确时，则测试的难度小；当大多数考生回答不出正确答案时，则该测试的难度大。

第五节 教师综合素质评价

作为一名教师，不仅肩负着教书育人、培养社会主义事业接班人的责任，更多的是肩负着提高民族素质的重任。本节从国家法律意义、社会发展角度、教师工作性质三个方面出发，得出教师的全面素质评价涵盖的范围广、内容丰富、审视角度多样。这里主要着重课堂教学评价，将教师综合素质评价的内容划分为教师基本素质和课堂教学素质。

一、教师基本素质评价

（一）思想道德素质

教师要有明确的政治取向和一定的政治理论知识，在平时的教学中，要把学生培养成为热爱党和热爱祖国的中流砥柱。

教师必须具有高尚的专业理念，即具有事业心、责任感、积极性和热爱学生的敬业精神。这是教师之所以成为教师的基本条件。没有这一基本条件，其他一切都无从谈起。每一个教师在完成了自己的教学任务后，就会在这一职业中得到一定程度的升华和提高。

（二）业务素质

"职业素养"是指"教师"所具有的专业素养。教师必须具备一定的专业素养，即学科知识、教育学知识、心理知识、教室情景知识和问题解答知识。

"教学技能"是教师从事教育教学活动的基本能力，包括教学组织管理能力、课堂教学指导能力和评价能力。新课程背景下的"课堂教学"新课改要求我们关注学生的学习兴趣、情感态度与价值观，关注"学生个体差异""因材施教"。传统教师的"讲"、传统的课堂教学是指教师和学生在特定时期以知识为载体，完成特定知识结构和内容。其实质是通过传授知识来达到教育的目的，其本质是以传授过程为核心，而不是以传授方法为核心。因此，在这种教育模式下，学生学习的方式、内容及效果都被限定在特定范围内。

（三）个性心理品质

良好的人格心理素质对教师的培养起着举足轻重的作用。教师要克服心理上的成见，要始终保持积极的心态。

二、课堂教学素质评价

（一）教学的态度

教师要具有良好的教风，即仪表端庄、举止从容、态度热情，在课堂上具有感染力，与学生有良好的情感交融。

（二）语言能力

教师的教学语言要准确、简洁、生动、活泼，具有启发意义，而且要注重语调的恰当、快慢、抑扬顿挫、丰富多样。

（三）教义

在教学设计中，教师可以轻松地进行教学，表现出优秀的教学技能，其中包括课堂导入、知识传授、提问、反馈、总结、板书等。同时，能正确地选用各种教学器材，如录音机、电脑、网络、投影仪等。

结 束 语

在初中英语教学中，英语教学的开展对于提高学生的外语水平、语法水平、写作水平、学习效率起着至关重要的作用。在英语教学中，教师要注重突出学生的主体性、培养他们的动手能力、重视他们的思维发展、增强他们的问题意识、提高他们解决问题的能力。为此，本书从以下几个方面对初中英语教学进行了深入探讨和分析。

（1）强调学生在课堂上的主体性，培养他们的实践性

实践课堂的优点在于加强了师生间的交流，使师生平等，使教师不再处于居高临下的地位，学生也不再是被动的学习。在传统的教学模式下，学生不能很好地表达自己的见解和想法，课堂气氛僵化，学生缺乏学习的积极性，使得英语教学始终无法达到预期的效果。实践课堂改变了传统的教学方法，以学生为中心，教师起到辅导和推进的作用，为学生提供更多的展示空间。

（2）教师应注重对学生思维的培养，积极地培养学生分析与创造的能力

到了初中以后，英语教学内容越来越难，知识结构也越来越复杂，许多中学生一提到英语就会感到非常的痛苦。复杂的英语知识只会使学生望而却步，时间一长，他们就会丧失兴趣。实践课程要求我们在教学内容上要由浅入深，而不是一蹴而就。在实践经验的选择上，教师要从简单走向复杂，既要适应学生的年龄特征，又要适应现实需要。在初中英语教学中，除了要让学生掌握英语的基本知识，还要让学生掌握各种时态、句法的分析与应用，培养学生的分析和创造能力。

（3）教师应加强问题意识，加强学生之间的协作和沟通

初中生在没有教师监督的情况下，基本可以进行自主学习。因为他们

有很好的理解力和分析能力。所以，英语教师要让学生有足够的自主性，让他们有足够的时间和空间去发现问题，这样才能更好地提高英语的学习水平。学生在探索过程中遇到任何问题，最终都要由小组组长进行汇总，并将其直接提交给教师。教师要对小组组长提出的问题逐一进行整理，这样讲解时就很简单了。

（4）扩大知识的难度，扩大研究的范围

要想有效地进行英语教学，教师必须在课前做好充足准备，积极备课。初学语法的学生，难免会觉得困难。英语语法知识的学习是一个长期的过程，教师在传授英语知识时，要准确地把握每个知识点的特点，及时地进行教学。许多同学在做英语题时，总是会遇到新问题，却不知道该怎么解决。然而，实践课的主要目的在于让每位同学都能发表自己的观点，公开自己的见解。

总的来说，英语实践课为英语教学提供了许多有利条件，不仅使学生获得了丰富的知识，而且还使他们在英语语言表达能力和语法运用能力方面有了很大的进步。教师要观察学生在课堂上的表现和思维走向，充分利用他们的主体性，采取有针对性的教学策略，以达到提高课堂教学效果的目的。

参 考 文 献

［1］张同建. 在初中英语教学中开展兴趣教学的重要性［J］. 学周刊，2017（11）：2.

［2］徐颖. 探究初中英语课堂多媒体课件与手写板书的联结运用［J］. 科学大众（科学教育），2019（10）：27；92.

［3］柴丽苹，陈丽霞. 有效提高初中英语课堂教学质量的策略探究［J］. 教育观察，2012，1（9）：75-77.

［4］姜莹莹. 初中英语教学及有效课堂构建［M］. 长春：吉林人民出版社，2021.

［5］高峰. 初中英语教学策略［M］. 北京：中国书籍出版社，2016.

［6］夏谷鸣，任美琴，周瑜. 初中英语教学评价［M］. 长春：东北师范大学出版社，2005.

［7］梁仪. 初中英语教学论［M］. 北京：教育科学出版社，1997.

［8］西华师范大学外国语学院. 初中英语教学探索·体验·感悟［M］. 成都：西南交通大学出版社，2014.

［9］周淑清. 初中英语教学模式研究［M］. 北京：北京语言大学出版社，2004.

［10］王笃勤. 初中英语教学策略［M］. 北京：北京师范大学出版社，2010.

［11］李孝斌，赵景昭，秦玉文. 初中英语教学指要（中册）［M］. 开封：河南大学出版社，1992.

［12］孙秀芝. 初中英语教学的实践与思考［M］. 合肥：安徽科学技

术出版社，2013．

[13]陈静波．有效教学：初中英语教学中的问题与对策［M］．长春：东北师范大学出版社，2010．

[14]于文著．初中英语教学模式实践研究［M］．北京：北京工业大学出版社，2021．

[15]崔晶．初中英语课堂有效教学的着力点［M］．长春：吉林人民出版社，2020．

[16]车向军．基于思维发展的初中英语教学设计与实施［M］．北京：北京出版社，2017．

[17]周后红．浅论初中英语听力教学难点与教学策略［J］．南北桥，2019（24）：76．

[18]张政．初中英语听力教学策略［J］．英语画刊（高级版），2019（30）：40．

[19]王盈．分析初中英语听力教学难点与教学策略［J］．英语画刊（高级版），2019（33）：46．

[20]刘家宗．核心素养培养视域下初中英语阅读教学策略［J］．名师在线，2019（36）：38-39．

[21]郭新兰．基于核心素养的初中英语课堂教学研究［J］．课程教育研究，2019（52）：141-142．

[22]林娟，李华，燕欣．聚焦初中英语核心素养的形成性评价方法探讨［J］．中国现代教育装备，2019（22）：54-56．

[23]国帅．核心素养下的初中英语教学方法探究［J］．科学咨询（科技·管理），2019（4）：134．

[24]吴红伟．初中英语教学方法与模式探索［J］．课程教育研究，2019（5）：133-134．

[25]宋月琴．搭建听力教学的脚手架：农村初中英语课堂降低听力难度方法探究［J］．英语广场，2018（7）：132-133．

[26]高峰．浅析提高初中英语教学效率的策略［J］．天天爱科学

（教育前沿），2022（4）：69–70.

[27]冷品优. 探究传记类语篇的主题意义　落实英语学科立德树人目标[J]. 中小学外语教学（中学篇），2019（6）：35–41.

[28]梅德明. 绘制新时代基础外语教育现代化的发展蓝图[J]. 中小学外语教学（中学篇），2019（4）：1–7.

[29]贾敏. 浅析微课在初中英语教学中应用[J]. 英语广场，2019（3）：124–125.

[30]杜学芳. 微课在初中英语教学中的运用策略探究[J]. 英语教师，2018,18（15）：116–118.

[31]曹军昌. 初中英语教学中分层教学法的应用探索[J]. 英语广场，2022（29）：133–136.

[32]董文娟. 互动教学在初中英语教学实践中的运用[J]. 学周刊，2022（30）：55–57.

[33]纪银屏. 体验式学习在初中英语教学中应用[J]. 新课程教学（电子版），2022（18）：93–95.

[34]达选慧. 在初中英语教学中融入德育的有效策略[J]. 天天爱科学（教学研究），2022（9）：161–163.

[35]吴鹭婷. 关于微课在初中英语教学中的应用分析[J]. 学周刊，2022（27）：42–44.

[36]李溱. 初中英语教学中的人文素养培育研究[J]. 吉林广播电视大学学报，2022（4）：145–147.

[37]孟娟. 学讲理念下的初中英语教学[J]. 黑河教育，2022（6）：20–22.

[38]高志燕. 传统文化融入初中英语教学的措施[J]. 校园英语，2022（23）：61–63.